高校体育教学方法与实践研究

窦彦丽 著

吉林摄影出版社
·长春·

图书在版编目（CIP）数据

高校体育教学方法与实践研究 / 窦彦丽著. -- 长春：吉林摄影出版社, 2024.7. -- ISBN 978-7-5498-6258-0

Ⅰ. G807.4

中国国家版本馆CIP数据核字第2024KR4967号

高校体育教学方法与实践研究
GAOXIAO TIYU JIAOXUE FANGFA YU SHIJIAN YANJIU

著　　者	窦彦丽
出 版 人	车　强
责任编辑	吴　晶
封面设计	文　亮
开　　本	787毫米×1092毫米　1/16
字　　数	220千字
印　　张	10.25
版　　次	2024年 7 月第1版
印　　次	2024年 7 月第1次印刷
出　　版	吉林摄影出版社
发　　行	吉林摄影出版社
地　　址	长春市净月高新技术开发区福祉大路5788号
	邮编：130118
网　　址	www.jlsycbs.net
电　　话	总编办：0431-81629821
	发行科：0431-81629829
印　　刷	河北昌联印刷有限公司
书　　号	ISBN 978-7-5498-6258-0　　定　价：56.00元

版权所有　　侵权必究

前　言

　　大学生树立健康第一的思想、培养良好的体育锻炼习惯、掌握科学的体育锻炼方法，对于提高大学生个人身体素质，进而提高全民族体质，具有特别重要的意义。高校体育教学是我国高校教育和体育教育的重要组成部分，在促进我国体育和教育事业发展、促进大学生健康全面发展方面发挥着重要作用。

　　在当前背景下，高校体育教学正面临着多重挑战。首先，学生生活方式的改变和健康意识的提升，使得他们对体育课程的需求和期望也在不断变化。他们更加注重体育课程的趣味性、参与性和互动性，期望通过体育课程不仅锻炼身体，还能培养团队协作、竞争意识等多方面的能力。其次，传统的体育教学方法和手段已经难以激发学生的学习兴趣和积极性，体育教学质量和效果亟待提高。针对这些挑战，本研究旨在深入探索高校体育教学方法与实践，提高体育教学质量和效果，培养具备健康体魄和良好体育精神的现代大学生。通过深入分析高校体育教学的现状，我们将探讨新的体育教学方法和策略，以满足学生的个性化需求和发展。

　　我们坚信，通过本研究的深入探索和实践，我们能够推动高校体育教学改革向纵深发展，为培养具有健康体魄和良好体育精神的现代大学生做出更大的贡献。同时，我们也期待本研究能够激发更多学者和教育工作者的关注和研究兴趣，共同推动高校体育教育事业的发展。

　　由于笔者水平有限，本书难免存在不妥甚至谬误之处，敬请广大学界同人与读者朋友批评指正。

目 录

第一章 体育教学概述 1
    第一节 体育教学基础知识 1
    第二节 体育教学的目标与特点 5
    第三节 体育教学的任务与原则 18

第二章 高校体育教学的方法分析 31
    第一节 体育教学方法的发展趋势和设计理念 31
    第二节 体育教学方法的影响因素 37
    第三节 科学体育教学方法的选择和运用 41

第三章 高校体育教学方法 48
    第一节 高校体育教学方法及创新教育的探讨 48
    第二节 高校体育教学中分层次教学法的应用 51
    第三节 高校体育教学中体验式教学法的应用 55
    第四节 高校体育教学中互动式教学法的应用 60

第四章 体育教学资源管理研究 66
    第一节 体育教学人力资源管理 66
    第二节 体育教学物力资源管理 76
    第三节 体育教学财力资源管理 87

第五章 高校体育教学模式的探索 98
    第一节 快乐体育教学模式 98
    第二节 合作学习体育教学模式 102

第三节 俱乐部体育教学模式 ·· 105

第四节 学生导师制高校体育教学模式 ································ 110

第五节 "互联网+"教学多元融合型大学体育教学模式 ················ 114

第六章 体育教学方法的创新发展 ·· 118

第一节 体育教学中多媒体技术的应用 ································ 118

第二节 体育教学中微课的应用 ······································ 139

第三节 体育教学中慕课的应用 ······································ 143

第四节 体育教学中翻转课堂的应用 ·································· 146

参考文献 ·· 155

第一章 体育教学概述

第一节 体育教学基础知识

一、教学的概念

教学的突出特征在于它是一种特殊的教育活动。广义上讲，教学就是指教的人指导学的人以一定文化为对象进行学习的活动。教的人不仅指教师，还包括各种有关的教育者；学的人不仅指学生，还包括各种有关的学习者。狭义上讲，我们所说的教学就是学校教学，是专指学校中教师引导学生一起进行的，以特定文化为对象的教与学相统一的活动。在范围上，教学是特指各级各类和各类形式学校中的教学，一般在家庭中和社会上不用"教学"而用"教育"；另外，教师在教学活动中的角色是组织引导者，而不是传统意义上的"主宰者"，这是当代的新观念。同时，教学既不仅仅是"教"又不仅仅是"学"，而是教与学的统一，教融于学中，学有教的组织引导。

因此，教学就是在教育目的的规范下，教师的教与学生的学共同组成的一种教育活动。通过教学，学生在教师有计划、有步骤的引导下，掌握系统的科学文化知识和技能，发展智力、体力，陶冶品德、美感，形成全面发展的个性。

二、教与学的关系

教与学作为两个不同的动词和动作即过程，作为两个不同的名词和与此有关的人的行为即活动。这两种活动是单独的、双边的，也是共同的、统一的。

教与学是两种活动、两种过程。教是教师的行为和动作。教的意义一般是指"讲授""教授""传授"，还可指教学。前者是一种较古老的教，后者是把教作为一种职业，教授学生的职业，没有把教和学分开，也可作为教授的代名词。

学是学生的行为和动作。学的意义是学习、模仿、掌握等。在教学活动中，教师、学生、教材以及教学环境等因素之间交互作用与联系，构成了一系列错综复杂的教学关系，其中教与学的关系是教学活动中最根本的关系。在教学中首先要抓住这一根本关系，去研究教学的问题，揭示教学的规律。

教与学是两类不同的活动，这两种活动是单独的，分别由教师和学生进行。原则上是可以独立存在的，但实际上是分不开的。不能只强调"教师中心论"，也不能只看重"学生中心论"。

一方面，只教是不行的。因为教需要对象，没有对象的教是无意识的教，不可取。教学的形式大多是指课堂的教学，有意识的教，有意识的学；有教材的教，有教材的学；有计划的教，有计划的学。这是基本原则。这样，教学就是教师教、学生学，是双边活动。在某种意义上，也是共同的活动，就是大家在课堂上为了一个共同的目标：学生的学习。人们发现不管有多少不同的教师，用什么不同的教法，总有一些学生是学得不错，也总有那么几个学生是班级最后几名。人们还发现一个教师用一种方法使用同一本教材，有的学生一段时间学得很好，而另一段时间却恰恰相反。这说明一个问题，学生的重要性、学习的重要性，教授的辅助性和非决定性因素。

另一方面，片面地只强调学也是不科学的。"学生中心论"把"教室"变成了"学室"，把"教材"变成了"学本"等。总之，要把以教师为中心，变成以学生为中心。这种认识认为教师的主导作用和学生的主体作用是教学的一般原则，这无疑是一大进步。第一，认识到学生在教学中的作用；第二，认识到教与学不能互相代替，既不会以讲代学、以学代讲、以讲代练，也不会放任自流。然而当你考虑统一的问题，当你考虑在课堂上教学的时候，总感到意犹未尽，各自为战。

总之，教学就是教与学，不是只教，不是只学，更不是教＋学，应该是教授和学习的统一体，是教师和学生的共同活动，这两种共同活动是建立在"教授主旨是促使学习的活动"和"教授的证据在于学习"的理论上。这既阐明了教与学的关系，又暗示了教与学的统一。

三、体育教学

体育教学论研究的对象是体育教学。体育教学与其他各科教学一样具有共同性，都是一种有目的、有计划、有组织地对学生传授知识和技能，发展智力和体力，培养品德和形成个性的教育过程。但又有其特殊性，它是实现学校体育目的任务的基本途径。今天，体育教学已不限于学校体育，它还涉及竞技运动和社会体育的教学，但学校体育的目的、任务主要是通过体育教学来实现的。因此，把体育教学定义为：在学校教育中，学生在教师有目的、有计划、有组织的指导下，积极主动地通过掌握技术和技能，增进身心健康，提高身体活动能力、自然和社会环境适应能力，培养良好的思想品德，促进个性发展的教育过程。

（一）体育教学的构成要素

从系统论的观点看，可以把体育教学过程当作一个整体系统来考察，即体育教学系统是一个多层次、多要素的复杂系统。所以，体育教学系统的要素即体育教学过程的要素。

体育教学过程的每一层次都包含着相同的要素，这些要素的整合就构成了完整、统一的教学过程。关于体育教学组成要素有三种不同的观点：

一是三要素说。该观点认为，体育教学系统是由体育教师、学生和体育教材三个基本要素构成的。二是四要素说。该观点认为，体育教学系统是由体育教师、学生、体育教学内容和体育教材手段四个要素构成的。三是五要素说。该观点认为，体育教学系统是由体育教师、学生、体育教材、体育教学方法和教学物质条件这五个要素构成的。

从以上几种观点可以看出，无论是哪种观点，有三个基本的要素是共同的，即体育教师、学生和体育教材。体育教学活动的主体是人，体育教学过程是教师与学生双边统一活动的过程，因此体育教师和学生是体育教学必不可少的两个基本要素。除此之外，他们共同的作用对象是体育教材。在这一教学过程中，教师是通过教材这一媒介与学生发生作用的。体育教学系统的构成性要素主要是体育教师、学生和体育教材。它们之间是相互联系、相互依存和相互作用的。

学生作为正在成长中的、学习中的主体是有千差万别的，由于体育教学中学生身体直接参与，学生在体育活动中出现的差异更加明显与突出，更需要教师对学生的认识了解。每一位学生无论是体形、体能和身体功能，还是情感、气质、性格、兴趣、爱好以及个性等，由于遗传、家庭、学校和教育等方面的原因，表现出明显的差异性。

体育教师在体育教学中担负着社会的使命——培养下一代。因此，无论从哪个角度讲，体育教师都是体育教学系统中起关键性作用的因素。体育教师的个性、能力、水平、事业心、责任感以及体育教师与学生的关系和教师在学生中的威信，都对体育教学的效果产生重要的影响。

体育教材指体育教师指导学生体育学习的一切教育材料，它是体育教学中师生相互作用的媒介，是体育教师要教，学生要学、练的对象。体育教材的选择与组织一方面要考虑社会发展的需要，尤其表现在社会发展对教育、学校体育目标的制约；另一方面，要考虑体育运动特点，要充分考虑学生对体育教材的理解、接受与喜爱的程度。体育教材的内容范围、难度等都直接影响着体育教学的成效，也直接影响学生的身心发展。

（二）体育教学的规律

1. 要遵循与学生身心发展水平相适应的规律

教育和教学必须与学生身心发展水平相适应，这是一条基本规律，体育课也必须遵循这条规律。体育课要促进学生的一般发展和特殊发展，这就要求体育课的目标要定得适当，教学方法、手段等也要适当。要达到这点，就必须了解学生的现有发展水平，针对学生的"最近发展区"，促进其不断发展。

2. 要遵循学生生理的心理指标起伏变化规律

在体育课的教学活动过程中，学生生理和心理方面，都承受着不同强度和数量的负荷，引起一系列生理和心理指标的变化。由于在体育课的教学过程中，学生有各种不同的学习活动方式，如听讲、观察、进行身体练习、帮助同伴以及休息，等等。这些方式的改变，对学生身心有着不同程度的影响，于是学生机体生理指标和心理指标的变化便易呈现出波浪形，这种高低起伏的变化是体育课教学特有的，是客观存在的，体育课的进行要遵循这个规律，保持合理的生理、心理起伏变化的节奏。

3.要遵循感知、思维和实践结合规律

体育课上学生大部分时间是在从事身体练习,耳、眼和机体等感官直接感知动作,大脑积极思考如何行动,机体去协调做动作。其中,直接感知是基础,思维是核心,实践是归宿。这三个环节是紧密结合的,缺少哪一个都会影响体育课教学的效果。因此,这也是体育课必须遵循的。

4.要遵循掌握体育知识技能螺旋式上升的规律

体育课教学要向学生传授有关的知识、技术和技能等。一种知识、技术和技能掌握以后,如果不及时强化,就会遗忘或消退。在前面传授的知识、技术、技能衰退现象,后面的体育课不应改变这种现象,使前面学习的知识、技术、技能得到巩固、完善和提高。所以,学生掌握体育知识、技术、技能螺旋式上升,也是体育课教学应遵循的一条规律。

第二节 体育教学的目标与特点

一、体育教学目标及相关概念

(一)体育教学的条件关系

体育教育领域,与体育教学目标相关的术语较多,如体育教学目标、体育教学任务等,因而人们容易混淆。那么,"体育教学目标"与相近的"体育教学目的""体育教学任务"之间是什么样的关系呢?

1.体育教学目的、体育教学目标、体育教学任务的含义

(1)体育教学的目的

体育教学的目的就是人们设立体育学科和实施体育教学的行为意图与初衷。体育教学目的也是贯穿整个体育教学的指导思想,是对体育教学提出的概括性的和总体性的要求,它把握着体育教学的进展方向。

(2)体育教学目标

目标是努力的方向和预期的成果,是"要在各个阶段达成什么和最后达到什么"的意思。由此而论,体育教学的目标是人们为达到体育教学的某个目的在行动过程中

设立的各个阶段预期成果以及最后的预期成果。

（3）体育教学任务

任务是受委派担负的工作或责任，即上位的人或事对下位的人或事提出的要求及布置的工作，是"要做什么"的意思。由此而论，体育教学任务是为了完成体育教学目的、实现体育教学目标所应该做和必须做的工作。

2. 体育教学目标、体育教学目的、体育教学任务三者之间的关系

体育教学目标、体育教学目的、体育教学任务三者之间应是如下的相互关系：

第一，各个阶段的体育教学目标的总和就是最终的体育教学目标。

第二，最终的体育教学目标是实现了体育教学目的的标志。

第三，体育教学任务是为实现体育教学目的和体育教学目标所应该做的实际工作和责任。

3. 教学目标与教学目的

人们往往把体育教学目的和体育教学目标混淆。在现代汉语中，"目的"的意思是"想要达到的境地或想要得到的结果"。从这一意义上，把"教学目的"理解为教学活动预期要达到的结果，它规定着教学活动的方向和标准要求。由于在汉语词汇中"目的"和"目标"并没有质的差别，因此，将教学目的和教学目标视为同一。

其实二者既有密切联系，又有明显区别。体育教学目标是体育教学目的的具体化，与体育教学目的在方向性质上是一致的，都是教学活动所要预期达到的结果。其区别如下：第一，体育教学目的与体育教学目标是一般与特殊的关系，体育教学目的是对体育教学活动的总要求，对体育教学活动具有普遍的指导意义，而体育教学目标是对体育教学的具体要求，只对特定阶段、特定范围内的教学活动有指导规范作用，如某一课时、某一单元的教学活动。第二，体育教学目的具有稳定性，而体育教学目标具有一定的灵活性；体育教学目的体现了社会的意志和客观要求，特别是体育教学目的是以指令性形式表现出来；而体育教学目标则较多地体现了体育教学活动的主体要求，有一定的自主性，体育教师可以根据教学的具体情况予以制定、调整，有一定的灵活性。

体育教学目标对整个体育教学活动起着统贯全局的作用。教学目标反映教育思想，也反映对教学规律、教学过程等客观性教学要求的看法。教学目标一经确定，便对其

他主观性教学要求发生影响，即影响到教学内容、教学计划、教学方法、教学原则及其他种种的教学行为。当然，人们从教学行为中获得的经验与体验又反过来使自己对教学目标进行再思索，或进一步加深对教学目标的理解或对教学目标做某种幅度的调整。

教学目标具有两个特征：一是可行性。说明目标的内容，即说明做什么和如何做。二是预期性。用特定的术语描述教学后学生应能做以前所不能做的事情，即教学后所要达到的结果的详细规格。

4. 教学目标与教学任务

体育教学任务是为了完成体育教学目的、实现体育教学目标所应该做的而且是必须做的工作。教学目标与教学任务虽然是同一个范畴，但又有区别。第一，教学任务是以教师为主体的，教学目标则是在一定教学时间内各种教学活动行为要达到的标准和境界。它是以教师为主导、学生为主体的。第二，教学任务是比较笼统的，分不出阶段和层次。教学目标的描述由于采取了具体的行为动词，因而对教学过程的阶段、深度和层次有明显的限定。第三，教学任务是教师对教学的期望，缺乏量和质的规定性，观察和测量都难以进行，其结果难以评价。教学目标则将教学任务具体化和量化，可观察、测量，或作为评价的依据。第四，教学任务一般为教师所掌握。教学目标师生都要明确和掌握，学生可以根据教学目标进行自我学习和自我检测，有利于提高学生学习的主动性和兴趣。

5. 体育教学目标的概念

体育教学目标是依据体育教学目的而提出的预期成果。这个预期成果可分为阶段性成果和最终成果。阶段性成果是体育教学的阶段目标；阶段性成果的总和就是最终成果，即体育教学总目标。体育教学总目标是体育教学目的得以实现的标志。

（二）体育课程目标的层次结构

体育课程的目标应该是什么呢？是促进学生的全面发展，是"增强体质"或是"促进健康"，还是学会某项运动技术。从这些目标当中可以看出，它们之间并不是处在同一层次上的。此外，对同一层次的目标而言，还存在着不同领域和水平的区分。课程目标是有层次结构的，不同的层次结构发挥着不同的功能。

1. 课程目标的纵向层次

根据目标的上下层次关系，可以依次将课程目标分为以下几个不同的层次：

（1）课程的总体目标——教育目标

所有课程的共同目标，即课程的总体目标。课程的总体目标的规定，反映特定社会对于合格成员的基本要求，与该社会员根本的价值观一致，一般有浓厚的社会政治倾向。这一层次的目标经常被写进国家和地方的法规，或其他形式的重要的课程文件当中。

从国家或整个社会的角度来看，教育目标只能是总体性的、高度概括性的，而不可能是具体的、菜单式的。就课程编制而言，总体目标具有导向性，渗透在课程编制的各个方面，可运用于所有的课程实践。例如，在考虑课程的宏观结构时，必须服从教育目标的根本方向，在决定课程的具体内容时，必须保证与教育目标要求符合，像义务教育阶段各门课程的设置，能否满足学生全面发展的要求；各门课程所选择和涉及的内容，是否与学生全面教育目标方向相一致；等等。当人们从总体上考虑和判断具体课程的意义和价值、课程结构的科学性、课程内容的合理性时，经常是以教育目标为根本依据的。

（2）课程的总体目标的具体化——培养目标

课程的总体目标——教育目标，是整个国家各级各类学校必须遵循的统一的质量要求，各级各类学校根据国家的教育目标和自己学校的性质、任务对培养对象提出特定的要求，这就是人们平时所讲的培养目标，如基础教育、高等教育、职业教育等培养目标。培养目标是总体目标在各个教育阶段或不同类型学校中具体化的体现，两者没有实质性的区别。

尽管培养目标是教育目标的具体化，但仍然是具有高度的概括性，如通常用发展学生文化、科学、技术的基础知识和基本技能等表述方式，并不涉及具体的学科领域，而只是对各个教育阶段和各级各类学校中的各种学科课程的编制提供相应的依据。同样各个教育阶段和各级各类学校中体育课程也是根据培养目标而编制的。

（3）学科领域的课程目标

学科领域的课程目标实际上就是人们通常意义上所讲的课程目标，这一层次的目标适用于一定阶段的具体课程，要研究的体育课程的目标就是属于这一层次的。这个层次上的目标比培养目标更为具体，可以说是培养目标在特定课程领域的表现。学科领域的课程目标的确定首先要明确课程与上述教育目标、培养目标的衔接关系，以确保这些要求在课程中得到体现；其次，要在对学生的特点、社会的需求、学科的发展等各个方面进行深入研究的基础上，才有可能确定行之有效的学科领域课程目标。学科领域的课程目标有助于澄清课程编制者的意图，使各门课程不仅注意到学科的逻辑体系，而且还要关注教师的教与学生的学，关注到课程内容与社会需求的关系。体育课程的目标实际上就是结合体育学科本身的特点、教育目标、学校的培养目标、学生的特点以及社会的需求而制定的。

（4）学科领域的课程目标的具体化——教学目标

尽管学科领域的课程目标有细化和可操作性的趋势，但仍然是总体性的或阶段性的一般目标；而作为短期的某一教学单元以至某一节体育课，又如何分析它的目标体系呢，这通常称为单元或课的教学目标。实际上它们是学科领域的课程目标的进一步具体化。课的教学目标又是单元教学目标的具体化，是最微观层次的课程目标。这一层次的目标通常分析到操作化的程度，它往往与具体的情景联系在一起，对体现较抽象的课程目标的结果给予明确的界定，引导教学的展开。

教学目标是一所学校在确定体育课程的实施方案并制订以单元为基础的全年教学计划以后，由任课教师制定的，它是教师制订单元计划和课时计划的根据。在过去，我国较为重视的是课时计划，并把一堂课看作最基本的教学单位。其实一堂课是最基本的教学学位，却不一定是一个完整的基本教学单位，因为一堂课不能把一个教学系列完整地教给学生，有时只完成其中一部分。只有一个教学单元才能把一个完整的教学系列教给学生。因此，在改革的新形势下，应当更为重视单元计划的构建和单元目标的设计。

2. 课程目标的横向关系

课程目标的横向关系实质上反映了各种目标的区分以及相互关系。"目标领域"是指预期学生学习之后所发生变化的内容领域。在教育目标这一层次上，我国通常用德、智、体、美、劳来划分目标领域。无论怎样划分目标领域，各领域对总的目标来说都应当具备逻辑的合理性，它们彼此之间在相互关系上虽然可能是并列和平行的，这样使得议程目标更加具体、清楚和明确，但它们之间必须是个相互联系的整体，每个领域都不能脱离其他领域而单独实现课程目标。

二、体育教学目标与体育学科功能、价值的关系

（一）体育学科的多功能

功能取决于事物的性质和特点，同理，体育学科的功能来自体育学科自身所具有的性质和特点。由于体育学科的内容产生于不同的文化现象，如产生于军事中的体育活动、产生于民间娱乐中的体育活动、产生于教育中的体育活动、产生于养生保健中的体育活动、产生于竞争竞赛中的体育活动，等等。因此，体育学科具有了上述这些文化母体所带有的多样功能和特征。

（二）体育学科的价值

由于体育学科具有多样的功能和特征，使得体育学科具有了价值取向多样性。功能与价值有着非常密切的联系，但二者又不相同，功能是一个事物或物体固有的作用范畴，而价值则是利用者面对这个事物时的态度和选择，即价值取向。虽然体育学科的功能是相对稳定的，但在不同的历史背景下和不同的国度中，体育学科的各个功能被不同程度地加以利用，体育学科被赋予各种各样的价值，此时，体育学科有些功能可能被忽视，这方面的价值也难以实现。

当然，人们在注重追求某种体育功能并努力实现某种体育价值时，也并不是绝对单一的，在多数情况下，人们是同时追求几种体育的功能，注重实现体育的多种价值，只不过是更注重、更强调某种功能而已。

（三）体育教学目标、体育学科的功能及价值之间的关系

功能、价值和目标的意义各不相同。功能是一个事物固有的、客观的属性；而价值是外赋的、主观的属性；目标则是根据功能进行价值取向后的行为效果指向。

功能是事物固有的和客观的属性，而价值是外赋的和主观的属性，也就是说，一个事物即使具有这个功能，而人们如果没有看上这个功能，也不会把这个功能的实现

作为目标;相反,一个事物不具有这个功能,即使人们非常希望通过这个事物实现这个功能,也是无济于事的。所以,不能将功能简单地等同于目标,也不能将价值简单地等同于目标。虽然认识到了体育的多种功能,但也不能将这些功能都不加分析地作为体育学科的目标。

体育学科的功能不会有大的改变,但不同的社会和不同的历史阶段会有不同的体育价值取向,因此体育教学的目标会随着社会的变化与发展产生相应的变化。

三、合理制定体育教学目标的意义

根据以上的分析可以看出,合理地制定体育教学目标对于体现体育学科的功能,完成人们对体育学科的价值期待是非常重要的。合理制定体育教学目标的意义主要体现在以下几个方面:

(一)充分发挥体育学科教学的功能

只有合理地制定了体育教学目标,才能明确要实现哪些体育教学的功能,如健身的目标可以帮助实现体育教学的健身功能;愉悦身心的目标可以帮助实现体育教学的满足乐趣功能;传授技术的目标可以帮助实现体育教学的授业功能,等等。如果乱定体育教学目标就不能充分发挥体育教学的功能,如有些老师不适当地制定了"研究"和"创造"的体育教学目标,使目标偏离了体育教学的基本功能,因此也就无法发挥好体育教学的主要功能,使得这些体育课上得空洞而虚假,使得体育教学的质量大为下降。

(二)保障实现体育的教学目的

只有合理地制定了体育教学目标,才能稳妥地实现体育教学的目的。如前所述,体育教学目标是体育教学目的实现的标志,如使学生的体格强健是健身目的的标志;使学生每个单元每节课都能愉悦身心是促进学生运动参与的标志;让学生在本学段学好一项有用的运动技能是促进学生体育实践能力形成的标志,等等。如果总的体育教学目标不是体育教学目的的标志,那么就意味着体育教学目的(意图)没有得到实现。例如,针对高中阶段"培养学生锻炼身体的能力制定的教学目标却是"发展学生的身体素质，让全体学生都达标"就很不恰当，因为"培养学生锻炼身体的能力"必须是"掌握锻炼身体的方法"的目标，"全体学生都达标"代表"学生锻炼身体的能力的形成"，因此这是个不当的目标，当然也就无助于体育目的的实现了。

（三）确保层层目标衔接，最终实现总目标

如果制定好了每一个阶段的体育教学目标，就可以保证阶段体育教学目标的总和等于总的体育教学目标，那么就意味着总的教学目标可以顺利完成；反之，如果错定了阶段体育教学目标，就使得阶段体育教学目标的总和不能等于总的体育教学目标，那么就意味着总的教学目标没有完成。因此，正确地制定各个层次的教学目标，层层目标衔接，是最终实现总目标的可靠保证。

（四）明确和落实体育的教学任务

体育教学目标决定着具体的体育教学任务。目标是标志，没有标志就没有方向，但只有标志没有具体的行动，标志也是没有意义的。因此，要有具体的体育教学任务来支撑目标的实现。体育教学任务要以体育教学目标为依据，好的目标有助于明确教学任务，体育教学目标是"的"，体育教学任务是"矢"，有了明确的目标，教学的任务才能"有的放矢"，切实有效。

（五）规约了体育教学过程

体育教学目标不仅在方向上对体育教学起着指导作用，而且在具体的步骤和方法上也具有规约的作用。体育教学要取得怎样的结果；要先达到怎样的结果，再达到怎样的结果；它们之间是怎样的逻辑关系。这些都要靠制定阶段的体育教学目标来明确。体育教学目标预先规定了体育教学的大致进程，体育教学的展开过程就是体育教学目标得以实现的过程。因此，清晰的体育教学目标有利于体育教师对教学活动的控制，有利于提高体育教学设计的预见性和科学性。

（六）指引、激励教师的教与学生的学

目标反映了人的愿望和努力方向。当明确的目标意识延伸到人的行为领域，并同行为相联系的时候，则形成动机和动力源泉。虽然体育教学目标并不完全是由任课教师和上课学生群体制定的，但合理的体育教学目标必定充分反映着教师的努力方向和

学生的学习愿望。因此，科学合理的体育教学目标必定可以指引教师的工作，必定可以激励学生学习。体育教学目标为教师指明了体育教学工作的预期成果，使他们清楚地知道自己工作的努力方向。体育教学目标的不断实现还会使教师受到鼓舞，实现过程中的困难也会促使教师去发现和解决问题，所以明确具体而切实可行的教学目标，可以指引教师努力地工作；同理，体育教学目标也为学生的体育学习提供了努力的方向，使他们清楚地知道自己与预定目标之间的差距，学习目标的不断实现会使学生受到鼓舞，实现过程中的困难也会使学生受到鞭策。所以，明确具体而切实可行的教学目标可以激励学生努力地学习。

（七）形成检验教学成果的标准

体育教学目标是到达点，是标志，因此其本身就是很鲜明的和可判断的标准，阶段性目标的达成与否是在教学过程中进行体育教学质量评价的标准；而总目标的达成与否就是在教学过程终结时进行体育教学质量评价的标准。从这一点上讲，体育教学目的和体育教学任务都少有标准的性质，因此难以用来作为检验体育教学成果的标准。

同任何事物一样，体育教学目标也有自己的结构，体育教学目标的结构是由体育教学目标的外部特征和内部要素共同构成的。

四、体育教学目标的外部特征

体育教学目标的外部特征是：属于体育教学目标内容以外的，但对体育教学目标内容具有规定性的那些特点及其标志。体育教学目标的外部特征主要有目标的层次、目标的功能与特性、目标的着眼点和目标登载的文件。

（一）体育教学目标的功能与特性

所谓体育教学目标的功能与特性，是指各个层次的体育教学目标都有其独特的"功能"和"特性"，就是"为什么要有这层目标""这层目标是干什么的"等层次目标的必要性和不可替代性。如果不明确各层目标的功能与特性，这层目标就会与其他层目标相混淆，那么该如何考虑、如何制定、如何表述这个目标也就不清楚了。也可以把"目标的功能与特性"理解为"目标的定位"或"目标的个性"。过去有些体育教师把"培养集体主义精神"的目标写进课时的目标，就是因为不了解课时的体育教学目标具有不宜写进如此大的目标的"功能与特性"所致。

（二）体育教学目标的着眼点

各层体育教学目标有着各自要解决的问题，因此各层的目标就有自己的"着眼点"，就是"围绕着什么来看目标"和"围绕着什么来写目标"的视角。例如，学段体育教学目标就是围绕着"本学段学生的身心发展特点"；单元体育教学目标就是围绕着"运动技能学习"，两者在这里是不能互换和颠倒的。因为，学段体育教学目标的实现涉及许多的运动教材，因此不可能围绕某一个运动技能来写，它的着眼点是"在这个发展阶段学生需要什么，能发展什么"；同理，单元体育教学目标是学段目标的下位目标，它也不可能围绕学段的发展来写目标，而它的着眼点是"在这个单元中，利用这个运动教材应该发展学生什么，能发展学生什么"。因此，体育教学目标的"着眼点"也是形象地辨别体育教学目标功能的"观察点"。

五、体育教学目标的内部要素

体育教学目标还有它内部的要素。例如，在体育教学目标中写了"学习单手投篮"，这是一个不合格和不完整的体育教学目标，因为这个目标不具体，也无法用它来检验目标是否实现。如果制定"学习单手投篮"这个目标，只能根据它来判断学生"是否学习了单手投篮"和教师"是否教了单手投篮"，换句话说，只要教师教了、学生学了单手投篮，这个目标就算是达成了，但学了几次、学生学会了没有，都不在这个目标范围之中，因此说这样的目标是"管教不管会"的，是不完整的，也是不能指导体育教学实践的。

（一）条件

条件是决定目标难度的因素。在规定目标难度和学习进度时，可以利用目标中的条件因素来进行变化，如同样是排球的垫球，可以根据条件的变化来改变教学目标的达成难度。例如，条件A：自己抛球后，将球垫起。条件B：接垫同伴在3米外柔和地抛球。条件C：接垫同伴隔网抛来的球。条件D：接垫同伴隔网发过来的球。

（二）标准

标准也是改变目标难度的一个因素，同样是"接垫同伴隔网发过来的球"，就可以通过改变标准来调整目标的难度。例如，标准A：垫出的球要达到2米的高度，并落到本方场地中。标准B：垫出的球要达到3米的高度，并落到本方场地的前半场。标准C：垫出的球要达到4.5米的高度，并落到本方场地的前左方规定的范围内。

（三）课题

课题可以通过改变动作形式来改变目标的难度，如体操中的平衡运动的课题。课题A：手放在什么位置都可以，做十秒钟的单脚站立。课题B：手在体前相握，抱膝盖，做十秒钟的单脚站立。课题C：闭眼做十秒钟单脚站立。课题D：闭眼并手在体前相握，做十秒钟的单脚站立。知识和原理理解方面的目标也是如此。

六、体育教学的特点

（一）身心合一的健身统一性

体育对人自身自然的改造，不仅是形态结构与生理机能的统一，也是身与心的统一。体育教学要在追求学生身体改造的同时，注重学生无形的心理发展。因此，体育教学要善于营造不同于智育教学的、生动活泼的教学气氛，为学生的心理健康发展提供良好的环境。要善于利用体育活动自身所蕴含的吸引力，并通过合理的教学组织，使这种吸引力倍增和放大。体育教学应该是一种快乐的教学，重过程的主动参与，重情绪的积极体验，重个性的独立解放，使人际关系宽松和谐，使学生在轻松愉快的环境中，在欢快愉悦的心境下，自由自在、无忧无虑、不知不觉地获得身心的健康发展。

体育教学中身心合一的健身统一性体现于三个方面：

第一，在体育教学中选择教材时不仅要注重教材对学生身体各部分、各种运动能力和各种身体素质的积极影响，而且要注重教材对学生心理的影响，尽可能从心理学、美学和社会学方面使学生得到良好的体验，在完成动作的过程中，不知不觉地感受协调、默契、流畅和成功的欢喜与愉悦。

第二，体育教学的组织教法必须克服一体化的固定模式，体现体育教学生动活泼的教学形式,让学生活动得更自由、更自在、更开心、更充分,从而达到身心和谐和内外兼修的目标。

第三,在注重学生生理负荷起伏变化的同时,还要注重心理活动起伏变化的规律。在体育教学中,学生的身心同时参加活动。在反复的动作和休息交替的过程中,学生的生理机能变化有一般的规律:当进行练习时,生理机能开始变化,生理机能水平开始上升;达到一定水平后,保持一定时间,然后再开始下降。在一定范围内,由于练习与休息进行合理的交替,所以学生的生理机能变化呈现出一种波浪式的曲线。与此相适应,学生的心理活动也呈现出高低起伏的曲线图像。这种生理、心理负荷波浪式的曲线变化规律,体现了体育教学鲜明的节奏性和身心的和谐、统一。

(二)体育教学过程的教育性

"教学过程永远具有教育性",这是任何教学过程的一条基本规律。古今中外的体育教学,概莫能外。体育教学的教育性主要体现在两个方面:

第一,在体育教学中组织每一项活动,均有一定的目的任务、组织原则、规则要求、需要学习和掌握相应的动作技术,以及克服各种各样的困难等,这些是构成体育环境的基本因素。学生在这一环境中进行学习、锻炼或参加比赛,就会受到直接的影响。同时,体育环境还包括教师使用的教材,采用的教学方法、教学环境、教学条件、学校传统和班级风气等,这些都会有力地吸引、潜移默化地熏陶感染和教育与之有关的人;提供了许多学生乐于自愿接受,更多情况下是不知不觉接受的、有利于个性品质形成的机会和情景,并可促进良好的思想品德和个性品质迁移到学习、生活和工作等各个方面去,以收体育之效。

第二,在体育教学中,学生的思想感情和作风,很容易自然地表现出来。这有利于教育者把握学生的思想实际和特点,从而对他们进行有针对性的教育。体育教学中,进行思想品德教育的内容是极其丰富的,概括地说,主要包括培养热爱集体的情感和意识,培养团结友爱、关心他人、互助合作的思想和意识,培养竞争意识、胜不骄败不馁的精神,培养坚忍不拔、勇敢顽强、机智果断等优良意志品质,以及心情开朗和愉快活泼的良好性格。

（三）教学目标的多元性

体育教学目标既有强身健体、提高运动技能的目标，又有调节情感、提高心理素质的目标，也有促进交往，建立和谐关系，规范运动行为，促进社会化等目标。

（四）授课活动的复杂性

为提高教学的有效性，体育教师课堂教学特点非常突出。不仅需要组织有序得当，还需要调控学生的运动负荷；不仅需要言传指导，还需要动作示范；不仅需要具备一定的教学素养，还需要掌握运动技能。体育教师的教授不仅是体力活动，也是智力活动。体育教师不仅是知识技术的传授者，也是活动的组织者。由此可见，体育授课活动不是看着那样简单，较理论学科的授课活动要复杂。

（五）内容编制的制约性

体育教学内容不仅包括体育理论知识内容，还有身体锻炼内容和体育运动项目内容，各部分内容在教学中所占比重的多少，都将受到体育教学目标和教学时间制约。另外，虽然体育教学内容中有些运动内容之间逻辑性不是很强，但这些内容也不能随意编制，不仅要考虑内容的功能与价值，也要考虑学生的身心特点，还要切合当地和本校的实际情况。

（六）环境管理的重要性

体育教学大都在室外或体育场馆里进行，这些场地环境受外围影响比较大，特别是户外，还受季节和气候的影响。另外，学生在体育活动中流动性的特点，也使开放性的教学环境的管理更加复杂。教学的安全性、健康性、有效性等都要求重视教学环境的管理。

第三节 体育教学的任务与原则

一、体育教学的任务

（一）学习掌握体育的基础知识

使学生理解体育的目的任务和体育在教育中的地位和作用；学会基本实用的身体锻炼的技能和运用技术；使学生掌握与了解身体锻炼的基本原理和科学锻炼身体的方法，以适应终身锻炼身体的需要。

（二）发展学生良好的思想品德

培养学生勇敢顽强和富于创造的精神，遵守纪律，团结协作和朝气蓬勃的体育道德作风；因势利导，全面地发展学生适应于社会和生活需要的个性；提高对体育的认识，培养经常参加身体锻炼的兴趣和习惯；陶冶美的情操。

（三）全面发展学生的身体

根据学生的年龄特点，有计划地进行各项内容的体育教学，以促进学生身体的正常生长发育和生理功能的发展。

上述三项体育教学任务是互相联系的统一的整体，它是通过体育的实践活动和理论讲授完成的。这三项体育教学任务，必须协调一致，全面贯彻，不可偏废。但在具体教学中，根据课的具体任务，教学要求和教材特点，而有所侧重，也是理所当然的。

二、体育教学的任务完成

要想在课堂上圆满地完成体育课的任务目的，用传统的教学方式很难达到教学大纲和教材对学生的要求。从时间上说，看一堂课学生锻炼和掌握动作质量的好坏，密度是关键的一环。如果将大量的知识技术传授给学生，而学生没有足够的时间去消化和掌握，那就很难使所传授的知识和技术转换成有效的课堂质量。由于动作的难度与动作的特殊方面，以及教师对动作、体态、语言表达的差异，使得教师在教某些动作时，很难使学生通过视觉、听觉准确而完整地了解动作的全过程，给课堂教学带来了一定的困难。

在语言与动作的结合方面，体育课上有很多动作往往是教师一边做一边进行解说。这对慢做和那些可以分解的动作来说还是能够办到的，但对那些只能在快速而连贯的情况下才能完成的动作，就很难做到两全其美了。

因为场地、队形、视角、环境等问题，教师在某一动作时，就要在不同的地点、方向上反复多次地进行示范讲解，才能使所有的学生都能看清和听清动作的做法和要领。这就在无形中浪费了时间，加大了教师的工作量，减少了学生练习的时间。

为了解决体育课中存在的上述问题，很多体育老师都总结出了许多有效的方法。随着电化教学在各学科中的运用与推广，电化教学也以它快速省时、生动直观、图文并茂、信息量大、容易接受的特点为体育教师所采用。在室内理论课中，电化教学一改过去那种教师在上边讲、学生在下边听的常规惯例，利用幻灯、投影、录像等电教手段将学生紧紧地吸引到了教材之中。在课堂上教师在连贯动作示范中无法做出停顿的一些动作，通过画面的定格处理，教师就可以很自然地加以解说。利用字幕和解说也可节省大量的板书和阅读时间，提高授课质量。

在新授课上采用电化教学，可以提高学生的学习积极性，集中学生的注意力，便于教师对学生的组织与管理。由于电化教学内容是事先制作好的，也就不会再出现教师在做示范动作时的失败和重复讲要领做动作的现象。学生可以在最短的时间里看到最标准最完整的技术动作，听到最简练的技术要领，建立起真实、完整、逼真、系统的表象认识过程，使学生减少和不产生错误的动力定形。

复习课是学生对已学过的动作进行练习改进和巩固掌握。在复习课上使用电教手段可以加深学生对技术动作的认识理解，将感性认识上升到理性认识的高度。既可以将所学过的动作逐一定格让学生对照动作进行有针对性的练习，也可以放录音或录像让学生集体进行复习练习。这样不但巩固了所学的知识，而且培养了学生协同一致的良好习惯，对发扬集体主义精神也能起到好的作用。

如果在上综合课时用"分组轮换"的形式进行组织教学，教师就可以集中精力辅导新授教材的一组，而进行复习的一组可以在电化教学的情景中进行自我学习。当教学中因动作本身的难度，教师无法亲身去做示范，学生对动作的方位距离、运动轨迹等空间概念产生疑问时，使用电教手段可以轻松地解决这一难题。如在跳跃练习中起跳后的腾空动作，电影、录像、幻灯都可以在不改变动作技术的情况下，运用慢放或定格的手法，将动作清晰地展现在学生面前，为教师在课堂中讲解动作重点、难点，提供了行之有效的手段。运用电化教学可以帮助教师整理数据资料。总之，要想使电化教学在体育课上运用得好、收效大，就需要做好以下几点：

第一，要根据教学内容、学生情况、课的类型、授课环境、场地器材、组织形式、教学程序、时间分配等条件，来选择电教设备、教学手段等。

第二，必须熟悉电教设备的性能、使用方法及实际操作，以确定选择内容和使用的具体时间。

第三，在备课时要将传统教法与电教手段相结合一同备入教案，要培养几名能够操作电教设备的学生做助手，以便在课堂上进行分组轮换时，学生能自己组织练习。

第四，课前要教育学生爱护公共财物，爱护电教设备，遵守纪律，保证课堂秩序。

第五，要充分利用电化教学的声响、画面、解说等手段对学生进行思想品德方面的教育，提高学生积极性，培养良好的自我锻炼习惯，使学生得到全面发展。

三、体育教学的原则

（一）体育教学原则的概念

"原则"一词，在汉语中通常指"观察问题、处理问题的准绳"。在教学论中，通常把教学原则定义为对教学的基本要求和指导原理。教学原则对整个教学过程都起着指导作用：第一，教学原则是指导教学活动的出发点，教师要根据教学原则来设计整个教学过程；第二，教学原则是实施教学的总调节器，在整个教学进程中，教师要以教学原则来调节、控制教学活动；第三，教学原则是判断教学质量的基本标准，教学质量的高低，从根本上来说，就看教学原则贯彻得如何。因此，每个教师和教学管理者都必须掌握教学论所确定的一系列教学原则。

基于以上对教学原则的分析，体育教学原则是实施体育教学最基本的要求，是保持体育教学性质的最基本因素，是判断体育教学质量的基本标准。

（二）体育教学原则提出的依据

1. 哲学依据

这是最重要的依据。从所应遵循的哲学思想来说，最基本的是两条：一是唯物论，二是辩证法。

对事物的基本关系的分析，具体问题具体分析，这是辩证法的重要内容，这是避免片面性的重要方法，但片面性却常见，例如，直观性原则就是一条有片面性的原则。尽管直观在认识中有重要的作用，而且在教学活动中应当自觉地运用直观，但是，直观只能在有利于认识的启动和深入时才使用，不能为直观而直观。直观适用的范围并不是普遍的，大量的概念、原理是不可能借助直观手段的，"道德"这个概念你怎么去直观地解释？"是一个无理数"这个原理你怎么去直观地说明？这里的片面性也就在这样两点：第一，直观手段的普遍性有限；第二，直观与认识的关系、直观与抽象的关系，这是更重要的方面，但未涉及或未弄清楚。

2. 教育理论依据

按照整个教育科学领域的理论层次来说，应当是这样的。教育理论，从大的方面来说，有教育本质论、教育目的论、教育价值论、教育规律论、教师论、学生论、德育论、智育论、美育论、教学论以及德育体制与教育管理理论等许多方面。

教育目的论、教育价值论所要涉及的人的发展理论无疑对教学原则有重大影响。关于人的全面发展的目标是最基本的，教学应当体现教育目的是这一目标最重要的内容，这一点应为教学原则的制定所充分考虑，然而，传统的教学原则研究对此是比较忽略的。凯洛夫教学原则体系的重大缺陷之一亦在此，他提到的自觉性原则只是附带地涉及教学的教育目的。课程论、教师论、学习论，这些也是对教学原则制定有影响的。教学中的几个基本要素——教师、学生、教材，它们的相互关系及其正确处理是教学原则所应当回答的问题。传统的教学原则研究一般只从教师的角度讲，尽管教学原则必然主要为教师所掌握和运用，但应涉及教学中几个基本要素的关系。对于教材，系统性原则对给予了部分的注意，特别给予注意的是结构原则。

（三）体育教学原则的作用

体育教学原则是体育教学过程中必须遵守的准则或标准。作为体育教学工作的指导原理和基本要求，体育教学原则对体育教学工作具有指导作用。在体育教学过程中，体育教学原则既是出发点，又是调节中枢。它在一定程度上决定着教学内容的安排、教学方法的选择和教学组织形式的运用。学习和掌握体育教学原则，能按照体育教学的客观规律组织教学活动，正确解决教学内容、教学方法和教学组织形式等一系列理论与实践问题；遵循体育教学原则进行体育教学，就能提高体育教学质量，反之，违背了教学原则，就会降低教学效果，甚至劳而无功。

体育教学原则作用的发挥，不是某个原则所能单独完成的，而是需要一个完整的体育教学原则体系以发挥整体功能。所谓教学原则体系就是指反映教学规律的多个原则之间不是孤立分散的原理，而是有机地相互联系的组合。只有建立一个科学完整的体育教学原则体系，才能发挥体育教学原则对整个体育教学过程的指导作用。由于人们对体育教学规律认识的角度不同，在构建体育教学原则体系的过程中，有的从社会学的角度出发，有的侧重教育学，有的偏重心理学等。就如何建立一个完整的体育教学原则体系，目前的体育教育理论界认识尚不一致。

（四）体育教学原则

1. 自觉积极性原则

自觉积极性原则是指在教师主导下，充分调动学生学习的自觉积极性，发挥学生的主体作用，培养学生学习的主动性和创造性，把认真完成学习任务，变成自觉的行动。

确定自觉积极性原则的依据。这一原则所指的是，在教师主导下学生的自觉积极性。它是由教师的教与学生的学的双边活动过程的教学规律决定的。师生关系是体育教学过程中的一对基本矛盾，矛盾的主导方面是教师。因为教师是教育者，他们掌握比较丰富的体育知识、技术和经验，能满足教好学生的需要。在实施教学计划的过程中，教师的教起着主导作用，它不仅表现在对计划的制订和执行上，而且还表现在对教学过程的调节和控制上。学生是教学的对象，是知识、技术的接受者，是学习的主体。但是，学生学习的自觉积极性不完全是自发的，还取决于教师的指导、传授、调节和控制。

反过来，学生有了学习和练习的自觉积极性，又能主动地自我调节和控制，并与教师的调节和控制协调一致，才能保证预定教学目标的实现。所以，在体育教学过程中要把教师的主导作用与调动学生学习的自觉积极性很好地结合起来，这是提高教学质量的根本条件。贯彻和运用自觉积极原则的基本要求如下：

（1）了解和熟悉学生

教师必须了解和熟悉所教学生的特点和概况。要了解他们爱好什么、需要什么、擅长什么、有什么困难和不足等等。这是教师搞好体育教学工作的前提。但是，真正做到了解学生是很不容易的。教师对学生的了解要做到"知人知面又知心"，能够做到这一点，关键在于教师，因为教师是师生关系中的主导者，教师不主动去了解和熟悉学生、关心学生，学生就不可能产生对教师的信赖，当然也就谈不上"知心"。只有做到"知人""知面""知心"，才会有调动学生自觉积极性的基础。

（2）发挥教师的主导作用

学生的自觉积极性不完全是自发的，还必须通过一系列细致工作才能充分调动起来。所以，要调动学生的积极性，必须发挥教师的主导作用。教师的主导作用，不仅表现在教学中，如教师通过讲解、示范、组织教学等手段，把学生引导到所教的内容上来，更重要的应该是给学生提供和创造一种良好的条件，使外因能顺利而迅速地转化为内因，从而调动学生的自觉积极性。

（3）建立民主平等、情感融洽的师生关系

体育教学过程中，教师要为人师表、教书育人，既要严格要求学生，又要满腔热情地关心与信任学生，使师生关系融洽和谐。这种良好的人际关系，有利于学生能动地参加到体育教学中去。

（4）注意培养学生学习的内在动力

学生学习的内在动力，是鼓舞和推动学生的内驱力。教师应不断提高教学的艺术性和启发性，培养学生正确的学习动机和兴趣。动机是一切行为的前提，是推动学生学习、锻炼的心理依据。只有使学生形成了正确的学习动机，才能发挥学生的主体作用。

（5）培养学生自学、自练和自评的能力

自学、自练和自评的能力是养成学生经常参加体育锻炼习惯、培养终身体育锻炼意识的重要基础。在教师主导作用的前提下，要为学生自学、自练和自评能力的培养与发展，创设一个良好的外部环境，放手让学生独立自主、生动活泼、主动地学习与锻炼。

2. 直观性原则

直观性原则是在体育教学中，要充分利用各种直观方式和学生已有的经验，通过学生的各种感觉器官去感知事物，培养学生的观察能力和积极思维的能力，使学生获得直接经验和感性认识，为掌握体育知识、技术和技能奠定基础。

确定直观性原则的依据是辩证唯物主义的认识规律。从生动的直观到抽象的思维，并从抽象的思维到实践，这就是认识规律、认识客观实际的辩证途径。任何知识的来源，都在于人的肉体感官对客观外界的感觉。在体育教学中，学生掌握体育的知识、技术和技能，也是从建立感性认识开始的。首先，必须使学生感知所学的动作，在感知的基础上建立起完整的、正确的动作形象和概念，从而为学生掌握体育的知识技术奠定基础。贯彻和运用直观性原则的基本要求如下：

（1）综合运用身体的各种感觉器官，感知体育教材，扩大直观效果

在体育教学中除通过视觉、听觉来感知动作的形象、结构和要领外，还要通过触觉和肌肉的本体感觉来感知完成动作时肌肉用力的程度、方法及空间与时间的关系等，以扩大直观教学的效果。

（2）充分发挥教师本身对学生的直观作用

教师自身的一切活动，都是学生观察的目标，特别是教师的动作示范、语言表达等要是学生获得生动直观的主要来源。学生模仿能力很强，所以，要求教师必须加强自身修养，提高体育理论和运动技术水平，重视动作技术示范的准确性和规范性。

（3）充分运用多种直观教具和手段

要借助于多种教学媒介和各种现代化教学手段，如模型、图片、幻灯、录像、录音、电影等，以发挥直观教学的作用。

（4）善于引导学生观察和激发学生积极思维的能力

直观性是通过学生直接观察运动动作的形象来实现的。学生在教师的指导下，通过分析、比较、弄清正在学习的与已学过的身体练习有何联系。辨别运动动作的技术

结构，找出动作技术的关键，明确正确动作与错误动作的界限，从而形成运动动作的正确表象。同时还要防止一般化的观察和单纯形式的模仿。

此外，选择运用好各种直观位置和把握使用时机，也将取得良好的直观效果。

3. 因材施教原则

因材施教原则是指体育教师在教学中，既要面向全体学生，提出统一要求；又要根据不同班级和学生的个体差异区别对待，把集体教学和个别指导结合起来，使每个学生的才能和特长都能得到充分发展。

确定因材施教原则的依据是学生身心发展的客观规律及个体发展不平衡性。同一年级和年龄组的学生，他们的身心发展规律具有共同点，因而体育教学可以对他们提出统一的规格和要求。同时，同一年级和年龄组的学生，他们的身心发展又存在着个体差异的发展不平衡性，如他们在身体形态、身体素质、运动能力、兴趣爱好、运动项目专长等方面都存有差异。这些不同点，又要求在统一的基础上，要注意区别对待、因材施教。贯彻和运用因材施教原则的基本要求如下：

（1）深入了解学生的一般情况和个体特点

这是进行因材施教的基础。教师要通过调查研究，全面了解班上学生的体育认识、兴趣爱好、思想品德、健康状况、体育基础、身体发展等多方面的情况。找出他们的共同点和差异，才能采取不同的方法，因材施教。

（2）面向全体，兼顾两头

教师要把主要精力放在提高学生的成绩。在制订教学计划、确定教学的目标和要求时，应该是大多数学生经过努力可达到的。同时，还要兼顾两头，解决"吃不饱"和"吃不了"的矛盾。对个别身体素质好，有体育才能的学生，要为他们创造条件，让他们参加课余体育训练，为提高专项成绩打基础。对体弱和身体素质差的学生，要热情关心、耐心帮助，使他们在原有的基础上逐步提高水平，完成教学要求。

（3）从客观条件的实际出发

教学中贯彻因材施教原则，还必须考虑学校的客观条件。不同地区、季节、场地器材设备条件，都会对体育教学起制约作用。教师在制定教学目标时，除了考虑教材、学生的特点、组织教法外，还必须考虑上述各方面的客观条件，这样才能更好地因材施教。

4. 身体全面发展原则

身体全面发展原则是指在体育教学过程中，教材内容的选择和安排要全面多样，使学生身体的各个部位、器官、系统的机能，各种身体素质和基本活动能力，都得到全面发展。

在体育教学中选择多种多样的不同性质的教材，采用多种有效的教学手段，有利于学生身体的全面锻炼和身体各个器官系统的机能得到协调的发展，养成正确的身体姿势。而长时间进行单一的、局部的锻炼，就得不到理想的锻炼效果，有碍学生健康。人体是一个完整统一的有机体。人体各器官系统的机能、各种身体素质和基本活动能力之间，都是相互联系、相互制约和相互促进的，某一方面的发展，会影响其他方面的发展与提高。因此只有以身体全面锻炼为基础，才能促进学生全面协调发展。贯彻和运用身体全面发展的基本要求如下：

（1）全面贯彻教学大纲（或课程标准）提出的目标和要求

全面贯彻教学大纲所提出的目标和要求，制订全年教学工作计划和教学进度时，应注意各类教材和考核项目的合理搭配，保证学生身体的全面锻炼。

（2）身体全面发展的原则落实到课堂教学的全过程

课的准备部分，要全面多样；基本部分教材要进行科学、合理搭配，较理想的方案是，准备部分要以活动全身各部位肌肉、关节和韧带为主，使全身各部位充分伸展，为完成课的目标做准备；基本部分的教材，既有上肢为主的练习，又有下肢为主的练习，使学生身体得到全面、协调的锻炼和发展；课的结束部分，要做好放松活动，并布置课外体育作业，有组织地结束一节课。

（3）不断克服单纯从兴趣出发的倾向

体育教学中应激发学生的学习兴趣，使他们乐于上好体育课。古人说："知之者不如好知者，好知者不如乐知者。"因此采用一系列手段和措施激发调动学生的学习兴趣是必要的。但是，要把激发学生的兴趣，与单纯从兴趣出发两者区别开来。所谓单纯从兴趣出发，就是以学生的兴趣为中心，甚至背离体育教学大纲和全面锻炼的原则，学生喜欢什么，教师就教什么、练什么，这种片面迁就学生兴趣的做法，长此以往，就会带来不良的后果。教师要善于引导，使学生对如何上好体育课和教师教学内容选择，有一个科学的、正确的认识。

5. 合理安排生理负荷和心理负荷原则

负荷包括生理负荷和心理负荷两个方面。合理安排生理负荷和心理负荷就是在体育教学中要使学生承受适当的生理负荷和心理负荷，并使练习与休息合理交替，以促进学生身心全面协调的发展。

确定合理安排负荷的依据。学生在体育教学中生理负荷和心理负荷变化的规律。从生理负荷变化的规律来看，人体功能的改善和提高，必须在适宜的生理负荷的刺激下才能实现。因此，在一定的限度内，生理负荷大，超量恢复的效果也就好，适应变化也加大；但如果生理刺激的强度过大，超过了一定限度，生理机能就会受到损害；而生理负荷刺激强度过小，对生理机能的发展也不会产生好的影响。

贯彻和运用合理安排负荷原则的基本要求如下：

（1）合理安排授课和复习课

学生的性别、年龄和健康状况不同，安排生理负荷时，要注意区别对待。不同性质的教材，应考虑它们对身体机能的不同作用和影响，做出科学安排。此外，学生的生活制度、营养条件和其他体力活动的负担、所在地区的气候因素及作业场所的环境条件等，在安排生理负荷时也应给予全面考虑。

（2）正确处理生理负荷的量和强度的关系

正确处理生理负荷的量和强度的关系，负荷量和负荷强度应互相配合，逐步增加。在体育教学中通常是先增加负荷量，待适应以后，再增加强度。在增加量时，强度宜适当下降。在强度再增加时，量则应适当减少，这样量和强度交替的增加和下降，密切配合，才能使学生承担负荷能力，逐步得到提高。

（3）正确处理生理负荷的表面数据和内部数据的关系

表面数据是指运动动作练习的量和强度。内部数据是指负荷量和强度所引起的一系列的生理、生化变化。生理负荷的表面数据与内部数据在通常情况下是一致的。但因学生的体质强弱和身体训练水平不同，一定负荷的表面数据作用于不同的学生，可以产生不同的内部数据。因此,在分析生理负荷时,应把表面数据和内部数据结合起来,加以判断和评价。

（4）安排好心理负荷

安排心理负荷时,既要与教学进程相联系,又要与生理负荷相配合,使高低起伏,节奏鲜明,起到相互调剂、相互补充的效果。

（5）科学地安排休息的方式和时间

根据生理负荷和心理负荷的特点,科学地安排休息的方式和时间,以达到理想的效果。

（6）做好生理和心理负荷的测量、统计和分析工作

在评价体育课的质量时,既要安排生理负荷的测量,又要安排心理负荷的测量,以便从生理和心理两个方面进行全面的客观评价。

6. 循序渐进原则

循序渐进原则是指体育教学内容、教学方法和负荷的安排顺序,必须遵循系统性和连贯性的要求,符合学生的年龄、性别特征,使学生按照一定客观规律的顺序,逐步得到提高与发展。

循序渐进原则的依据:人们认识事物的规律、动作技能形成的规律和知识、技术的系统性和连贯性。在体育教学中,必须遵循由易到难、由简到繁、由已知到未知,逐步深化,才能使学生更好地掌握体育的知识、技术和技能。贯彻和运用循序渐进原则的基本要求如下:

（1）提高教师素养

教师要提高自己的文化素养,深刻了解学生身心发展的一般规律和特点,了解各项教材的系统性,以及各项教材之间的关系。

（2）制定好教学文件

制定切实可行的教学工作计划文件,保证教学工作系统连贯地进行。在制定教学计划文件时,每个运动项目、每次课、每学期的内容和教法,都应前后衔接,逐步提高。

（3）安排好教学内容

在安排教学内容时,既要考虑该运动项目由易到难、由简到繁的顺序,又要考虑

与其他运动项目之间的关系。先安排哪个项目，后安排哪个项目，要符合循序渐进的要求，使前一个项目的学习有利于后一个项目的学习。

（4）有节奏地逐步提高生理负荷

体育课中生理负荷的安排，应采取波浪式的有节奏地逐步提高。这是因为机体适应某种生理负荷需要有一定的时间。就一学年或一学期来说，应有节奏地交替进行不同负荷的体育课。本次课的生理负荷，应安排在前次课后的超量恢复水平上。但生理负荷总的趋势是逐步提高的。

7. 巩固提高原则

巩固提高原则是指在体育教学中，要使学生牢固地掌握所学的基础知识、基本技术和技能，不断地发展体能、增强体质，并逐步有所提高。

巩固提高原则的依据是运动条件反射建立与消退的生理规律。因为动作技术、技能的掌握、巩固和提高，是通过不断地反复练习而形成的。反复练习可以使运动条件反射不断地建立和巩固，并在大脑皮层建立动力定型。但是，动力定型建立以后，还要继续练习，不断强化，使动力定型更加巩固和完善，否则，已经形成的动力定型还会消退，从而影响教学效果。贯彻与运用巩固提高原则的基本要求如下：

（1）反复练习

组织学生进行反复、经常的练习，增加练习密度，反复强化，不断巩固运动条件反射，是贯彻巩固提高原则的基本方法。每次课都要使学生有足够的练习时间和重复次数。但是反复练习不是简单机械地重复，而是要在原有的基础上逐步提高要求，不断地消除动作的缺点和错误，使学生看到自己的进步，就能更好地激发起学生反复练习的自觉性，就更有利于学生巩固和提高所学的知识、技术和技能。

（2）采用提问、测验、竞赛等多种方式

采用提问、测验、竞赛等多种方式，是贯彻巩固提高原则的有效手段。在运用这些手段时，要根据课的目标和要求进行。提问要有启发性。在某一阶段的教学告一段落时，可采取竞赛的手段，观察学生在复杂多变的竞赛条件下，运用所学的体育知识、技术、技能的熟练程度。

（3）改变练习条件

改变练习条件，对巩固提高体育基本技术、技能起到良好的作用。改变练习条件包括场地、器材及动作结构、环境条件等，如平地跑改为斜坡跑、改变器械重量和动作组合等。

（4）课内外结合

教师在课堂教学的基础上，可以布置一定的课外体育作业或家庭体育作业，使课内外紧密结合，达到巩固提高的目的。

（5）培养进取动力

不断提出新的目标、培养学生的兴趣和进取动力。

以上体育教学原则是一个完整的体系，应相互联系、互相补充，在体育教学中全面正确地贯彻执行。体育教学原则是一个发展的范畴，但是在一定的时期内，又具有相对的稳定性。随着体育教学实践的发展、人们对体育教学规律认识的不断深化，体育教学原则也将得到不断充实和发展。

第二章 高校体育教学的方法分析

在高校体育教学中，体育教学方法是十分重要的内容，在高校体育教学中处于第一位，决定体育教学的好坏，体育教学方法也是衡量高校体育教学是否具有成果的尺子。在高校体育教学过程中，体育教学的内容很多，教师往往侧重其他内容，而忽视了体育方法，对体育方法不够了解，不明确体育方法的价值。同时，由于学生的能力及接受度不一样，进行体育教学时不能一概而论，需要因材施教，寻找合适的方法，保证体育教学高效有用。

第一节 体育教学方法的发展趋势和设计理念

一、体育教学方法的发展现状

随着现代教育的不断发展，高校体育教学在随之发展，体育教学方法也在不断完善。影响体育教学方法的内容主要是技术和技巧的内容，因为科学技术和教学观念的发展，体育教学理念不断更新，体育教学方法也在不断更新完善。截止到现在，高校体育教学方法有很多成果，其中最主要的几个方面为以下几点：

（一）计算机的发展促使高校体育教学方法发展

现代社会计算机技术在不断发展，体育教学中越来越多地依赖计算机。计算机促使体育教学越来越规范，比如，通过计算机播放成体系的体育动作讲解视频时，可以随机调节播放速度，学生不理解的地方，调慢速度，学生可以直观清晰地看到示范动作。

（二）体育教学内容的改进促使高校体育教学方法改进

体育教学方法的发展使体育教学内容不断丰富，而体育教学内容的改进也促使体育教学方法更完善。随着科技的进步，越来越多的运动方式引起人们的注意，体育内容也随之更加丰富，人们的生活方式也更加注重运动。

（三）不断丰富的体育教学理论促使高校体育教学方法更完善

随着体育教学的发展，相应的教学理论相应产生。近几十年，学者们对体育教学的研究逐渐深入，体育教学理论不断更新丰富。体育教学理论的丰富使得更多更完善的体育方法得以确立。当然，体育教学理论不是短期形成的，在形成过程中有许多不足之处需要完善，过去的理论最主要的问题就是分析的针对性不够强，对于不一样的体育运动，采取的教学方法基本一致，然而，不同的体育运动有着不同的运动要领，不能一概而论，因此需要采取不同的运动方式，教学方法也应该有差别。现在教学理论不断丰富，对不同运动方式都有相应的理论，体育教学方法也随之更加完善。

（四）不断变化的学生群体促使高校体育教学方法发展

进入信息时代，学生群体也在改变，学生的生活方式已被信息环绕。比如，学生普遍使用电子产品，作息时间与之前相比发生改变，生活习惯也与之前不同；由于网络的发达，学生对于新事物的接受水平越来越高，接受新知识的能力更强；随之而来的是学生的思维水平更强，分析问题的能力更加突出。当今社会，学生群体的发展更具个性化、特色化，因此，以前的教学方法已经变得单薄，不能满足学生群体的发展。在这种压力下，体育教学方法不得不改进完善，这样才能实施学生群体的发展。

二、体育教学方法的发展趋势

体育教学在中国还是一个需要不断进步不断发展的学科，相较其他学科而言，仍有许多不足之处。但值得庆幸的是，目前，国内学者已经认识到了体育教学的重要性，人们越来越重视体育教学，同时，体育教学方法也随之改进。总的来说，体育教学方法的发展趋势表现在以下几个方面：

（一）现代化

现代社会已属于信息社会，科学技术在不断进步，体育教学的发展更是离不开科学技术，离不开现代化。体育教学的发展主要表现在体育教学方法上，而体育教学方法的现代化主要表现在教学设施上。比如，体育健美操教学中会运用到电脑播放音乐和视频，学生随之运动，休息时间可以听音乐休息。同时，老师也可以通过电脑将学生的表现展示出来，让学生明白自己的不足和优秀之处。现代化技术的发展，使得体育教学随之现代化，体育教学迈向了一个新的高度。

（二）心理学化

学习不仅是单纯地接受知识的过程，更是一个心理变化过程，在接知识的同时，相应的心理会发生变化，比如，学到知识的满足感，或者是对自己接知识过慢而产生的挫败感。心理学是学生学习知识不可避免要接触的地方。毫无疑问，在进行体育教学的时候，教师需要格外注意学生的心理状态，在体育教学方法上要运用心理学的知识，时刻关注学生在运动时的心理变化。

（三）个性化

注重个性化是现代教学的趋势。教学的主体是学生，学生都是独一无二的个体，每个学生都有自己的个性，因此，教学中必须考虑学生的个性，因材施教是孔子时期就提出的理论，体育教学中更要贯彻这个理论，根据学生的个性，选择合适的教学方法。不同地区、不同学校、不同年级、不同班级、不同学生要依据其特色，选择不同的教学方式。目前，个性化教学已被体育教育界推崇，个性化的教学方法将使体育教学发展得更好。

三、体育教学方法的设计理念

好的理论指导会使教学方法的设计更完善，体育教学的其中一个任务便是做好体育教学方法的理念设计工作。体育教学的设计除了要确定使用的范围和环境，还要确定实施的范围和对象。只有这样才能提高体育教学的质量，保证体育教学方法的实用性和科学性。

（一）设计理念——语言传递信息

语言是学科教学中不可避免要使用的工具，语言传递信息即教师通过口头话语向学生讲述体育的知识与技能的一种教学方法。

1. 讲解法

教师用话语在教学过程中为学生讲授体育运动的知识理论，语言通俗易懂，语言简练清晰，便是讲解法。讲解法是教师运用的最常见的方法，能够短时间内让学生了解掌握体育的知识，明白其原理，学生在接受体育知识的同时，还会受到思想教育，使自己的思想道德境界得到提高，学习的相关意识也得到提高。

2. 问答法

问答法也是人们经常使用的一种体育教学方法，问答法的作用十分明显。问答法通过问题使得学生的专注力更高，并且在教师提问的时候需要思考问题，思维能力得到加强，在回答问题时，其语言表达能力同样进步。

体育教学中使用问答法时需要注意以下几点：①语言不能啰唆，尽量简单精练。②问问题期间，给学生思考和讨论的时间尽量简短。③在正式技能教学的开始和结束后设定问答，会更有效果。

3. 讨论法

讨论法是语言教学方法中的重要内容。讨论法是指在体育教师的指导下，以班级或小组为单位，围绕教材的中心问题进行讨论，让学生自由讲述自己的意见和看法。与其他方法相比，讨论法有其独特的优势，讨论使学生可以发散自己的思维，发挥自己的才能，可以使学生更加积极主动地参加体育活动。讨论法可以使学生的团队合作精神和集体主义精神更强。

同时，需要注意的是，教师需要关注课堂的纪律，控制讨论的自由度。讨论法可以调节课堂的气氛。在讨论过程中，体育教师应该适当参与，引导学生的讨论内容和方向。确保充分发挥讨论法的积极作用，及时消除讨论法的消极影响。

（二）设计理念——直接感知

教师对体育技能演示和直观表达，学生通过身体的感知获得体育的相关技术知识，这便是直接感知，以此为依托的体育教学方法是体育教学中常用的教学方法。直接感知的教学方法具有直观性，在教学中很受推崇，学生十分喜欢这种教学方法，学生能接受和掌握这种方法。

我们对直接感知的教学方法进行分类，可以将此教学方法分为以下三种：动作示范法、演示法、纠正错误动作与帮助法。

1. 动作示范法

动作示范法从字面意思来说就是教师以自己的动作示范，学生通过示范学习。动作示范法可以将动作的特征、特点以及技术要领直接向学生展示，使学生能够清楚地了解自己需要注意的点。同时，动作示范法也可以使学生对体育更感兴趣。

教师进行动作示范法教学的时候，不能随心所欲，需要注意几个要点：①在进行动作示范之前，要有明确教学的目的，动作示范要紧紧追随教学实际的需要。②动作示范的时候，一定要保证动作的准确度，根据教学规范完成动作。③示范动作要美观，美观可以提高学生学习的积极性。

2. 演示法

教师通过展示教具，使学生获得对技术和知识的教学方法就是演示法。目前，演示法的使用比较多，是教师比较依赖的一种教学方法。演示法主要是教师在无法直接示范教学内容时，借助一些教具使得教学达到相应的效果。演示法使得教学与生活实际联系，在学习技术和知识时更加直观生动，学生对于演示法的接受度较高，同时提高了学生学习的积极性，使学生乐于掌握相关知识。在体育教学过程中，演示法也发挥着极大的作用。

在教学过程中，教师使用演示法进行教学的时候需要注意以下几点：①演示动作要结合实际，教师进行教学的时候要明确目的，要结合教学实际进行，使得学生掌握体育运动相关的技术要领。②演示法要结合教具使用，随着现代技术的发展，教学中有许多教具可以选择，比如，计算机等教具在教学演示中就有很大的作用，可以提高学生学习的积极性。

3. 纠正错误动作与帮助法

教师在体育教学过程中帮助学生纠正错误动作的方法就是纠正错误动作与帮助法。这种方法在体育教学中十分常见。

在使用纠正错误动作与帮助法时需要注意以下几点：①使用正确的态度对待学生。教师在发现学生错误需要使用纠正错误动作与帮助法时，要肯定学生的进步，在进行纠正指导时要使用委婉的语气。不能打击学生学习的积极性与自信心,使学生明白犯错是正常的,同时鼓励学生提升自己的专业知识与技能。②纠正错误的重点在错误动作上。很多错误不是所有的动作都错了,而是集中在错误动作上面,主要的错误动作被纠正,其余动作相应会正确。③纠错要有针对性。错误动作的产生都有相应的原因,当特定的原因被发现,并针对其给予指正,错误动作也就随之改正。

(三)设计理念——身体练习

通过身体锻炼和练习以及技能的学习,学生掌握和巩固某种运动技能的方法,即以身体练习为主要设计理念的体育教学方法。体育教学主要是以学生的实践活动为主要特征,以"身体练习为主"的教学是开展体育教学的主要方法和形式,更是教师进行知识和技能传递的重要方式。在体育教学实践中,以身体练习为主要设计理念的体育教学方法有分解练习法、完整练习法和领会练习法等。

1. 分解练习法

将复杂的动作分解成几个部分,分别对各个部分进行教学的方法叫作分解练习法。分解教学法的主要作用是降低体育运动技术的难度系数,使学生更易掌握相关的内容。分解练习法的重点是确保分解步骤的合理科学,把握好分解的分解步骤的时间点,保证分解步骤的连贯畅通。比如,在进行篮球教学的时候,教师可以将教学步骤分解为传球、运球、投篮等步骤,简化篮球的动作,学生分步掌握,之后进行合并。

2. 完整练习法

在体育教学中,完整练习整套动作的方法就是完整练习法。完整练习法适用于简单的体育运动项目,比如,仰卧起坐、扎马步和跑步等运动。完整练习法的优点是保证动作的完整性和连续性,使完整的动作概念在学生脑海中呈现。教师使用完整教学法教学时需要注意学生是否能接受这种方式。在教学之前,教师要通过相应的语言描述对相关内容进行讲解,并对体育运动进行示范练习。与此同时,还要进行相关的辅助练习,这样才能使体育教学真正发挥作用。

3. 领会练习法

教师借助相应的语言、图片、文字以及视频,使学生大致了解认识一项运动的方法就是领会练习法。领会练习法使学生在进行教学之前便对教学内容有所了解,可以提高学生学习的兴趣,使学生在学习过程中更加积极。同时,学生对这项运动更加了解也有助于学生提高相应的知识技能。

教师在选用这种教学方法的时候,应该从项目的整体特征入手,然后引导学生对此项目进行具体的练习,最后回到整体的认识和训练中去。同时教师应该注意培养学生的战术意识,使战术意识贯穿于整个教学始末。例如,在对学生进行排球比赛相关规则的讲解和技术的讲授时,首先让学生观看某场伴有现场解说的排球比赛,视频和文字介绍能让学生领会到比赛的规则;通过观看现场比赛,可以让学生领会排球比赛战术和某一技能的重点。

第二节 体育教学方法的影响因素

体育教学方法一直是学者关注的对象。体育教学的质量与其教学的方式方法密切相关,好的体育教学方法能够保证教学有序展开的同时提高其教学效率,是教学过程中的重要因素。而对教学方法的选择与实施产生影响的因素有多种,这些因素是教师在教学过程中需要关心和重视的,具体可分为七点,分别是教学目标与教学任务、教学内容的特点、学生的身心发展状况、教师自身的素养、教学方法本身的特性、教学环境的要求和体育教学的指导思想。

一、教学目标与教学任务

在进行体育教学之前,教师必须确定其教学的目标和任务。教学目标能为体育教学定下起点,并确定教学的重难点,方便教师在进行教学活动时有方向、有重点。教学任务是教师能否实现其体育教学目标的基础与保障。教学方法则为实现教学任务搭起桥梁,同时其选择也离不开教学目标与任务的引导。体育教师应当根据教学的具体情况,灵活设计具有针对性的教学方法来提高其教学质量。

通常,我们将体育教学目标划分为三个部分,分别为认知、情感与技术动作。而且每个部分根据具体情况的不同,可细化成若干层次。由于体育教学受到多方面因素的影响,而学生的身体素质、掌握情况也不尽相同,教师需要的教学方法也会有所调整。当该次教学目标以加强学生对某种运动的理论知识掌握为主,教师就需要以讲解为重点,帮助学生掌握理论知识;当该次教学目标以提高学生某种运动的技能为主,教师就需要在此次教学中多安排学生进行实操,以达到其教学目标。

总而言之,体育教师不仅需要掌握涉及教学内容的体育运动技术,还需要对相应的教学方法进行掌握,分析教学内容,规划好教学计划,选择最适合其课堂的教学方法。

二、教学内容的特点

教学内容是体育教学的重要参考,也是体育教学方法的服务对象之一。不同课程及科目的教学内容不同,其教学任务也就存在很大的差异,所需要的教学方法也会不同。由此可见,教学内容的特点是教学方法选择和实施的参考依据。如体育教师在进行体操课程的教学时,就需要根据体操对学生身体特点的要求和体操运动所需要的场地、器材、目标来选择适当的教学方法。

每一种教学内容都有其相适宜的教学方法,如果需要学生掌握的教学内容是一些纯理论性的知识,如体育教学的发展历史、体育教学的起源等内容,就可以选择讲解法进行教学,或者借助多媒体教具,通过图片或者动画的形式向学生展示体育相关的理论知识。如果所教学的内容是一些技术性较强的知识,那么就需要运用分解练习法进行教学,如篮球、足球、乒乓球等,而且由于此类运动具有群体性,那么就应该采取小组教学的方式进行。

三、学生的身心发展状况

学生的学习生涯离不开体育教学,在其不同阶段,身心的成长和发展都不相同,主要包括学生现有的知识水平、智力发展水平、学习动机状态、心理发展的年龄阶段及特征、认知方式与学习习惯等因素,因此,学生的身心发展状况对体育教学会产生一定的影响。心理学研究和教学实践都表明,学生的身心发展状况与教学之间存在相互作用。

因此,体育教师还应当从学生的心理特征入手,根据其已具备的基础知识水平,制订出不同的教学策略。体育教师在制定目标时,可以降低教学难度,寓教于乐,有针对性地选择和运用相应的教学方法，使学生在学习知识、掌握技能的同时，身心得到健康发展。例如，抛铅球的练习，高年级的学生能够轻而易举地将铅球举起，但是低年级的学生则有些困难；如丢手绢、捉迷藏等一些简单的体育游戏，适合在低年级学生中进行，身心发展相对成熟的高年级学生就不愿意参与。

四、教师自身的素养

作为体育教学中起着指导与主导作用的教师，对培养学生身体素质和综合素质有着不可推卸的责任，同时肩负着对学生在体育方面的相关知识进行传递的责任。故而教师自身素养对教学方法的选择和实施有着直接和重要的影响。对体育教师来说，其素养主要包括四个方面——学科知识、组织能力、思维品质和教学能力。

教师在教学过程中，除了要关注学生的实际情况之外，还要不断提高自身的素养和专业水平，这样才能根据自己的优势，选择适合自己的教学方法，并不断创新教学方法，逐步提升自己的教学水平，这也是提高教学质量的关键。若某位教师缺乏实践教学的经验，并且在教学的组织上存在严重的缺陷，则无法保证课堂教学的效果，也无法正确地引导学生进行相关知识的学习，无法保证教学方法的实施。

对自身素养保持要求，是一位体育教师对学生负责、对课程负责、对教学负责的表现。巧妇难为无米之炊，如果一位体育教师从未接触过排球运动，若让其负责排球相关的课程，势必会造成教学过程与结果不如人意，即使能够选择出适用于该运动的教学方法，也会因为自身经验的欠缺，导致教学的过程无法按照预期进行。

五、教学方法本身的特性

教学方法虽然是保证教学质量的关键，但是没有一种教学方法是万能的。每一种教学方法都有其相适应的人群和所适用的环境和条件，离开这种环境和条件，这种教学方法将无法充分发挥其作用。简单来说，教学方法只在特定的环境和特定的内容中才表现出亲和性和功能性，而且不同的教学方法对教学设备、教学对象和学生的身心发展特点等方面均有影响。教学方法本身就是一种多因素的有机组合，既存在促进的关系也存在矛盾的关系，这些多因素同时也决定了每一种教学方法都有其相适应的范围和条件。

通过上面的文字叙述，我们清楚地了解到，教学方法本身所具有的特性，也是影响教学方法的因素之一。

六、教学环境的要求

没有教学环境为基本条件，就难以开展体育教学。无论是体育教学也好，其他教学也好，离不开在相应的教学环境下实施。我们可以说，教学环境是教学方法产生的土壤，也是教学方法赖以生存的养料。我们所指的教学环境包括教学硬件设备设施（比如，教学器材和一些辅助仪器、教学所需的资料和书籍）、教学空间条件（包括教学场地、实践场地）和教学所需的时间。有利的教学环境会对教学起到一定的促进作用，反之，则会起到阻碍作用。因此，在进行教学的时候，要进一步开拓教学方法的预期效果和适用范围。只有这样，教师在选用教学方法的时候，才能最大限度地利用教学环境，不断提升教学质量。

通过上面的文字介绍可知，教学环境也是影响教学方法的因素之一，如对一个相对落后且没有足够教学场地的学校而言，在进行篮球、足球和乒乓球教学时，由于缺乏相关设备，就无法采取示范法进行教学。

七、体育教学的指导思想

对体育教学方法来说，其核心便是教学的指导思想。在指导思想的影响下，会产生与之对应的教学方法，可以说，有何种教学指导思想，就会产生何种教学方式。体育教师单单了解教学理论不足以使其能够选择最优教学方法，还需要其在指导思想上具备时代性与科学性。

不难看出，教学方法的选择是一个复杂的过程，受到各个方面的影响，这就决定了其并不是一成不变，不能够墨守成规，而应当灵活机动，根据具体的情况进行选择。就拿体育教学环境来讲，不同地区的经济发展水平不同、师资力量不同、学生体能素质也不同。比如，在一个缺少足够宽敞的运动场地的偏远山区的学校开展体育活动，体育教师就不能够选择足球、排球等需要有一定场地和设施设备的体育运动，而需要调整为如太极拳等较少依赖教学环境的运动。因此，体育教学需要充分考虑实践性的同时,也不能忽视其他的教学因素,必须根据教师在教学过程中涉及或可能涉及的因素,选用最合适的教学方法,以达到其教学目的。

第三节 科学体育教学方法的选择和运用

体育教育方法是高校每个体育教师用来提高教学质量的关键因素之一。如果成为一位体育教学工作者,就无法逃脱这个问题——如何选择和运用体育教学方法。

一、合理选用体育教学方法的意义

为了使教学能够呈现出最佳的效果,高校体育教师必须遵从两个原则来选用体育教学方法,一是科学,二是合理。由于越来越多的高校体育教学方法在不断涌现出来,甚至还在进行着不断的创新开发,高校体育教师必须正视科学合理地选择体育教学方法的重要性。

作为一名高校体育教师,如何保证教学质量必须放在考量当中,并要明白其重要性。根据当前所进行的体育教学环节的目标和其他的一些教学因素,高校体育教师应当选择最为合理的体育教学方法,与此同时,要对在教学过程中所涉及的各个方面的因素进行一定的研究与钻研,通过分析之后对不同的教学方法进行合理组合,以达到提高教学质量的目的。

教师在进行教学的时候,教学方法是他们所需的必要手段,因此,我们可以认为,每位教师都需要教学方法这一工具来进行对学生的教学工作。毫无疑问,工具会直接影响到教学的质量。所以,高校体育老师在了解到各种体育教学方法之后,还要学会如何在工作实践中将这些教学方法进行合理的运用,以此来达到最佳的教学效果,提高教学质量,完成相关的教学任务。

二、选择体育教学方法的依据

合理地选择最佳体育教学方法并不是一件容易的事情,但作为一名合格的高校体育教师,必须拥有这样的能力。由于每种教学方法并不是在所有情况下都适用,每种教学内容也分别有着最为合适的教学方法,因此,高校体育教师应该学会综合考虑到各方面因素之后判断出该选择哪一种体育教学方法。如何选择最为合适的体育教学方法主要有以下几种依据：

（一）根据体育课程的目的和任务选择教学方法

由于教学目的和教学任务大不相同，多种多样的体育教学方法被应用在不同的体育课程当中。因此，如何来选择体育教育方法，当前的体育课程的教学目的和教学任务可以作为重要依据之一。如果需要让学生了解到体育方面的相关知识与要求，可以采用在很多情况下都能用到的一般教学方法"讲解法"；如果需要让学生学会运动方面的技巧，可以根据条件选择"动作示范法"或"演示法"；如果需要让学生通过练习来完成教学任务，可以选择"练习法"；等等。由此，我们可以看出，教学目的和教学任务是高校体育教师用来选择体育教学方法的重要依据。

（二）根据体育教学内容的特点选择教学方法

在其他课程诸如数理化的教学过程中，面对不同类型的题目，必须选择所对应的解题方法，否则无法达到解题目的。而在体育教学中也是一样，面对不同类型的教学内容，高校体育教师也需要根据教学内容来选择相对应的体育教学方法。例如，教师在为学生讲解器械的使用方法时，可以使用分解教学法；在进行类似于游泳、滑冰中对技术和技能有很高要求的动作时，也要采用分解教学法；而在进行类似于跑步、跳跃这种具有较强连贯性且动作发生较为短暂的运动项目时，便可以采用完整教学法；等等。面对如此多的教学方法，高校体育教师首先要做到仔细分析教材，之后根据体育教学内容的特点来选择体育教学方法。

（三）根据学生的实际情况选择教学方法

高校体育教师如此重视对教学方法的选择，其根本目的就是为了能够达到最佳的教学效果，使每位学生都能够对教学内容进行掌握，促进体育教学目标顺利完成。合理选择使用教学方法并不是高校体育教师为了凸显出自身能力而做出的事情。因此，体育教学方法需要照顾到的并不是教师，而是学生，需要根据学生目前的学习效果来对教学方法进行选择与调整。教师在对教学方法进行选择的时候，应当考虑到这样的教学方法是否符合学生的发展特点、能否被学生迅速理解与接收。更加具体的方面，要考虑到学生的年龄、身体状况和学习能力等特点，从学生学习的实际情况出发，选择能让学生最高效地掌握技能的教学方法。

（四）根据教师自身的情况选择教学方法

作为教学方法的实施者，教师需要理解每一种教学方法，而只要当教学方法与教师的自身特点能够做到紧密的结合时，教学方法才能发挥出最大的效果。有的教学方法本身是具有一定教学效果的，但是由于教师的自身素质并没有达到那个水平，强行使用这样的教学方法也并不能达到预期中的教学效果，甚至会降低教学质量。因此，体育教学方法的选择也会受到教师自身素养的影响。对那些思维能力和语言表达能力较强的体育教师来说，可以多用语言向学生进行体育知识的传授；对于那些运动技能强的教师，可以采用演示的教学方法，让学生更快地汲取体育知识。

（五）根据适用范围选择教学方法

体育教学方法的种类有很多，它们也都有着各自的特点，适用于不同的条件。在高校体育教师进行教学的过程中，教师需要对每种教学方法都有深刻的理解，了解它们的特点与使用条件等，以此来达到最佳的教学效果。如领会教学法相对于低年级的学生来说，更适合运用于对高年级学生的教学中，因为高年级学生的认知能力已经达到了一种趋于成熟的水平，而低年级学生的认知能力还并没有得到充分发展，用这样的教学方法进行教学不一定能够被他们所理解。由此可以看出，高校体育教师在教学中，应该分析出教学方法的适用范围，根据当前的实际情况来选择教学方法。

（六）根据教学时间和效率选择教学方法

每一种教学任务所需要的教学时间和最终的教学效率是不同的，如实践法比讲解法需要花费更多的时间，分解教学法比完整教学法需要花费更多的时间。针对一些只听讲解无法完全理解认知的问题，实践法会比讲解法的效率更高。所以，高校体育教师在选择教学方法的时候，要将每一种教学方法的教学时间和效率纳入考虑范畴。一种合适的教学方法应当同时保证时间和效率，用尽可能少的时间，完成相应的教学任务，达到最高的效率。因此，高校体育教师必须全面掌握体育教学方法，根据自己的了解与教学情况采取省时高效的教学方法，使教学效果呈现出最佳状态。

三、体育教学方法选择和应用的原则

作为体育教师在教学过程中的重要工具,体育教学方法的存在不容忽视,并且,如今新课标对体育教学的要求逐渐变高,更多的体育教学工作者开始重视起体育教学方法的合理选择。但同时需要明白的是,体育教学方法的选择并不是盲目的,通过一些对体育教学的研究可以得出五项在选择和应用体育教学方法需要遵守的基本原则。

(一)目标性原则

科学合理地选择教学方法就是为了更好地实现教学目标,教学目标让教学方法的选择有了明确方向,而教学方法也能够促进教学目标的实现。因此,在选择教学方法时,在最开始应该明确教学目标是什么,接着要考虑到如何用这种教学方法更高效地完成教学目标。只有在保证了教学方法是具有目标性的之后,才能保证教学的质量,顺利完成相应的教学任务。

(二)有效性原则

在选择教学方法时,不能忽略其教学目标完成的有效性,也就是指这种教学方法能够提高教学质量,顺利完成教学目标。有些教学方法的步骤相较而言并不容易,所需的教学时间会比较长,这就可能在一定程度上干扰到其他的教学内容,降低了整体的教学效率。那么,这种教学方法是不具备有效性的,阻碍了教学活动的顺利进行。举例来说,一名高校体育教师在指导学生进行跑步训练的时候,结合了多媒体教学和实践训练两种教学方法,但跑步其实是一项简单容易的教学项目,多媒体教学浪费了教学时间,降低了教学效率,因此会降低教学的有效性。

(三)适宜性原则

每一种体育教学方法都有其相适应的教学环境和对象群体。所谓的适宜性可以分为两个方面进行论述。一方面是教学方法与学生之间的适宜性,主要指教学方法是否符合学生的身心发展的特点;另一方面是教学方法与教师之间的适应性,每一种教学方法对教师的自身素质都有要求,只有两者相适应,才能最大限度地发挥教学的优势。如在对低年级的学生进行教学的时候,就应该选择一些与该学段学生的认知能力和身体发展状况贴合较为紧密的教学方法,如讲解法、动作示范法等。

（四）多样化原则

体育是一门较为复杂的学科，体育教学方法也十分丰富，每一种教学方法都有其相对应的功能和作用，只有多种方法相互结合才能发挥体育教学的优势。多样化的教学方法不仅可以让体育课堂更加生动和丰满，而且能调节课堂的气氛，激发学生的学习热情和主观能动性，使学生集中注意力，实现教学效果，提高教学质量。

（五）统一要求和因材施教相结合原则

高校体育教学是为了培养每个学生，因此科学的体育教学方法是针对每一个学生而言的，也就是说，需要统一考虑学生的整体特点和需求，针对每个学生的共性，使绝大部分的学生都能够接受和学习。同时，选择的教学方法应简便适宜，难度不能太大，合理搭配各种体育设备。另外，统一要求也要和因材施教结合起来，既对学生有整体的要求，又需要兼顾学生的个性、生理特点。首先，要正确分析和判断教材的重点、难点，教师必须熟悉教材，认真备课，采取行之有效的教学手段与教学方法。要抓重点、突破难点，在教学实践中，它是优选和创新教学方法的动力之源，也是提高体育教学质量的关键。其次，要处理好知识、技能、技术与发展体能、锻炼身体的关系。最后，要有的放矢，既要达到教学的基本要求，又要发展学生个性特长和各自的爱好，要在研究学生性别、年龄特征的基础上，加强组织措施和个别对待。总之，只有贯彻统一要求和因材施教相结合的原则，才能更好地促进教学方法的运用时的针对性、实效性，不断提高教学质量。

四、有效地运用体育教学方法的建议

（一）注意影响体育教学方法效果的因素

要善于综合地、灵活地运用教学方法，取得最优化的教学效果。对体育教师来说，所掌握的专业理论知识（特别是关于教学法方面的知识）越丰富，在选择和运用体育教学方法时，就越有把握取得较好的效果。在体育教学实践中，体育教师的教学经验、教学技巧（含应变能力）和教学艺术（语言艺术、表演动作艺术以及组织艺术等）都对运用体育教学方法的效果具有重要的影响。所以，提高体育教师的素质（主要是提高其运用体育教学方法的水平）是提高体育教学方法使用效果的首要因素。

然而，体育教学是师生的双边活动，体育教学方法的效果还与学生的因素紧密相关。在一定条件下，还可能是关键的因素。例如，当学生上体育课时无兴趣、注意力不集中时，尽管体育教师讲解得正确、生动、形象，动作示范准确、协调、优美，学生可能是听而不闻、视而不见，教学不会产生好的效果。学生的学习动机、主动性、积极性和创造性，独立进行分析评价的知识、方法和能力、运动技术水平以及身体的发育特点、人际关系（包括师生关系和同学之间的关系）等，无一不对教学效果产生影响。

体育教学的物质技术条件、环境等因素，也是学习不可忽视的因素。例如，在体育馆内上课，可以减少周围环境的干扰，有助于提高体育教学的效果。所以，在强调人的因素的同时，也不要忽视物质的因素。

教学过程本身是一个动态过程。根据教学过程的动态特点运用教学方法，要求教师在备课时要尽量估计教学活动中可能产生的新情况，准备应变办法；到上课时，还要根据教学过程的实际情况，灵活地、创造性地掌握教学过程，以争取获得最大的教学效果。

（二）注意运用体育教学方法的有关理论

理论虽然来源于实践，但又高于实践、指导实践。运用体育教学方法是个实践问题，但又是一个理论问题。条件反射与学习的理论正确地描述了人们行为的一个方面或者一个重要部分，但将它当作唯一的理论就显然不对，而把人当机器人就更加不对。作为体育教学方法运用的理论基础，除了生理学以外，还应以唯物辩证法的基本观点、系统论原理、教育学、心理学等与体育教学有关的学科理论知识为基础，研究创新高校体育教学方法。

（三）注意体育教学方法的有效配合

高校体育教师在日常教学中，不仅要学习相关的知识，继承传统科学的教学方法；同时自己也要不断创新研究，反复实践，总结出适合自己的一套教学方法，既能提升自己又能使后人得到实惠，这样才有利于学生的发展和社会的发展。

第一，运用任何一种体育教学方法，都应当保证师生双方的协调活动。运用任何一种体育教学方法，既要考虑体育教师的活动——如何教，又要考虑学生的活动——如何学。

第二，在运用体育教学方法过程中，教师既要考虑到学生的外部活动和表现，又要考虑到学生的内部活动与变化。学生的外部活动主要表现在注意力变化、情绪变化、动作质量、出汗程度、脸色变化等方面，从中可以获得关于学生学习的主动性、积极性、体力情况以及学习的效果等方面的反馈信息。学生内部活动与变化，主要表现在心理活动、生理变化、生物化学及生物电等变化上。这些活动与变化，往往对学习效率和学习效果起着决定性的作用。因此，教师在运用体育教学方法时，把指导学生的外部活动的方法与激发学生内部活动的方法配合起来，并且要根据学生内外活动变化的情况不断调节这两者之间的关系，使学生生动活泼地主动学习。

第三，体育教学中运用体育教学方法时，要注意学生掌握知识技能不同阶段的配合。学生在开始阶段，往往以模仿学习为主，可能模仿教师的（这是基本的），也可能模仿他人的动作。经过多次反复的练习，学生在形成运动技巧以后，就可以完全摆脱模仿动作的模式，从个人的特点出发，做出有创新的动作，这就进入了"创造型"。因而在运用体育教学方法时，要注意到这种变化，使学生由"模仿型"向"创造型"过渡，既使二者有机地联系起来，又要做到区别对待。

第三章　高校体育教学方法

第一节　高校体育教学方法及创新教育的探讨

对于高校体育课堂教学中创新性地探究是新时期体育学科的特征，是时代发展的必然趋势，是素质教育在高校体育教学中的具体体现。通过对高校体育课堂教学中创新性地探究，不仅能培养学生的创新精神，更重要的是能培养学生的自主学习能力和动手动脑的结合，所以，它应成为我们这一时期体育教育的使命和共识。

一、"创新教育"的含义

创新教育是挖掘人的创新潜能，弘扬人的主体精神，促进人的个性和谐发展的教育。它的本质就是遵循人的创造活动规律和人创造素质的培养规律，以培养创新人才为宗旨。因为创新教育是指以培养创造性人才为培养目标的教育，所以创新教育不是一种具体教学模式，而是一种意义深远的教学思想，创新教育思想是时代发展的产物，是知识经济时代对教育提出的必然要求。

二、新的体育教育思想指引体育教学方法的变革方向

体育教学方法的确立和发展源于教学思想，一定的教学方法，是一定的教学思想在教学活动中的具体反映。在教学过程中，以不同的教学思想做指导，教学方法所表现出来的效能和作用便会截然不同，贯彻不同的教学思想，会产生不同的教学效果。社会的发展也在影响着体育教学思想本身不断地变化与更新，这种变化与更新又直接影响着教学方法的不断改革与发展，推动了教学方法的整体向前发展。

三、当前体育教学方法改革面临新的问题

（一）传统教育思想的制约

传统的体育教学思想是改变受教育者的心理和生理现状，使受教育者能够达到预期教育目的。而这种传统的体育教学观念往往只注重教育者的作用，忽视了受教育者的主观能动性，从而阻碍他们自主学习的能力。在推行创新和素质教育的今天，传统的教学方法已经不能适应现在的教学，不进行改革就阻碍了现今教育的发展。传统的体育教育思想模式禁锢了学生的创新能力，使学生在体育课上缺少主动性，制约了他们的发展。他们的个性与活力受到传统教学法的压制，许多学生是为了完成学分去上课，缺少主动性，这严重影响了学生创新能力的发展并降低了学生上课的兴趣，使学生不能得到全面的均衡发展。

（二）体育教学模式缺乏创新

我国传统的体育教学模式已经不能适应学生身心健康发展的需要，由于现在教师教学处于中心的位置，是知识的传播和灌输者，在教育思想和行为主义的作用下直接影响着学生的健康发展，而学生是外部接受教育者，知识和思想的灌输对象。体育教学主要是以教师教学为中心，传授知识的方法和手段是教师的本领与技术。在教学过程中教师的讲解和说明是主要的教学方法。这就使老师凌驾于学生之上，忽视了学生自主学习的能力，对学生的自主性视而不见。在授课的同时也会出现指责、呵斥学生等错误的做法，这对学生的人格来说是无情的摧残，对学生的创新意识来说也是无情的扼杀，造成了对学生主体地位的忽略，直接影响到学生的创新能力，不利于学生综合素质的培养和身心健康的提高发展。

四、高校体育教学方法创新探讨

（一）构建有效的教学模式

要进行高校体育教学方法的创新，需要有先进的理论思想作为指导，并且要有教学实践，这样才能少走弯路。要想改变现在高校教学方法创新理论，就必须重视现代

科学方法和心理教学研究，了解现在大学生的具体情况，只有明白了原因才能在体育教学中有所创新。由于现在信息论、系统论、控制论等思想的出现，引发了现在体育教学领域从思想到实践的广泛变革。现在体育教学的研究日益受到重视，特别是现在提倡素质文化教育，体育教学受到广泛的关注。高校创新教育是高等教育的一种全新的模式。目前，国内学界将"创新教育"界定为"以培养人的创新精神和创新能力与基本价值取向的教育实践"，是以培养创新型人才为主要目标的教育。高校的创新教育就是在中学阶段已进行的"创新方法和技术"训练的基础上，为培养创新人才搭建的一个平台，着重大学生创新精神和创造能力的培养。要构建高校体育教学方法创新的先进理论，就必须要对创新教育、创新方法有所了解。经过多年的研究和发展，创新教育已经在教育管理制度、教育方法等方面形成了一系列有效的理论和措施。我们可以通过借鉴古今中外优秀的教学经验，并结合体育教学方法的实际情况，努力构建高校体育教学方法创新的先进理念。

（二）引进创新型体育教师

体育教学方法的创新是高校体育教学创新的关键，这就需要培养和造就一批高素质创造型体育教师。培养创新型体育教师的途径也是多种多样，可以通过在校的教育培养，也可以通过专业的渠道对体育教师进行专业的培养训练。同时要加强体育教师师范教育专业的学习，充分发挥教育培养创新型教师渠道作用，要求高职高专院校要立足现实着眼于长远，进一步优化体育教学机制，改善体育专业和学科教学的设置。

创新教育的开展离不开现实中的实践，一切创新型人才的出现也离不开实践，只有通过实践才能找到根源，才能真正地创新，从不足中找到原因对症下药。我们常说理论创新、体质创新、科技创新等都是适应实践的需要。体育教学方法的创新也不例外，通过实践，体育教师才能做到够理论联系实际，结合实际情况在教学中探索创新，提高自身的创新意识。同时带动身边的老师和学生，把理论知识应用于实践，在实践中创新并不断探索不断进步，把创新立足于实践之上。现在国际交流频繁，在交流中学习先进的体育教育理念、体育教学模式是加强创新型教学理念的关键，也是培养创新型教师十分重要的作用。体育教学在教学上有两个观念："教"和"学"，树立学生是体育教学的主体,"教"要求体育教师要有较高的专业文化知识水平,对专业课程能够详细地为学生解答讲清楚其知识框架。同时重视对学生独立自主学习能力和创新精神的培养。在高等院校中树立高等体育教育与终身体育教育的教学观念,充分认识现代体育教育的思想观念,把体育教学不断创新和深入。

新的体育教学理念和体育教学思想创新不断地涌现,要求我们要站在时代的前沿,走在发展的前头,去探索和改革新的体育教学模式和新的思路,创造高校体育教学的先锋,推动我国高等教育院校体育教学新风尚,打破传统的教育模式,在探索中进步发展。争创先进优秀的高等院校,引领新一轮的体育改革与体育时尚。

第二节 高校体育教学中分层次教学法的应用

在我国高校体育课程教学中,相关人员不断探究和尝试运用多种创新型的教学方法和模式,来达到提高体育教学效率的目的,然而目前我国对于教学方法的研究还不是十分深入,在应用的过程中存在着操作过于简单和理论性不强等一系列问题,对体育学科的教学难以产生积极作用。近几年,高校体育教学工作者不断尝试多种新型教学方法,在这些方法中分层教学法有着独特的优势,得到了广泛应用。由于学生在身体素质、兴趣爱好以及个性特点等方面都存在着较大差异,所以必须针对每位学生的特点,积极采取分层教学的方法来提升体育教学效率。

一、分层教学方法的概述

(一)分层教学法的内涵

分层教学法是一种新流入我国的创新型教学方法,其应用过程首先是分析学生不同的接受能力、潜力及知识水平等因素,据此将学生分成不同的小组。虽然每个小组整体的水平不一样,但是在同一个小组内,学生的水平比较接近,这样学生可以相互帮助,共同进步。将分层教学的方法应用到高校体育教学之中,是根据每位学生的运动水平和身体素质等因素,将学生分成不同的小组,每个教学小组的教学目标不尽相同,这样能够真正达到因材施教的目标。不仅如此,通过分组学习还可以有效地增强学生的团队合作意识和责任感。最后,由体育教师采取不同的方法对不同组的学生进行评价,以便对其进行更好的体育教学。

(二) 分层教学法的本质

众所周知,分层教学方法的引入能够有效弥补传统教学手段对学生个体独特性不重视的缺点,因此,将分层教学模式应用到高校日常体育教学中显得十分重要。人们在日常的体育学习过程中,由于每个人的先天性差异以及受后天环境影响,难免会造成不同学生的体育素质存在明显的差别。然而分层教学模式主要就是结合学生的个体差异性实施的一种新的教学模式,它针对学生的个体差异性,来编制科学有效的教学计划,从而达到深入挖掘学生体育潜能的目的。

二、在高校体育教学中应用分层次教学法的重要性

(一) 将分层次教学方法应用到高校体育教学中,可以更好地因材施教

每个学生由于成长、学习环境的不同,导致了他们的品性、习惯也各不相同,个体差异很大。这些不同的差异是影响学生在体育课上不同表现的主要因素。分层次教学法关注的不只是学生的成绩,它可以在尊重学生差异性的基础上,充分发挥自主性,同时促进因材施教的有效实施。

(二) 分层次教学方法的应用可以提高教学质量与效率

将分层次教学方法应用到高校体育教学活动中,体育老师可以根据学生的不同层次、不同水平制订不同的教学计划和教学目标,组织不同的教学内容。可以保证每个学生都能通过自己的努力来获得相应的进步。这样可以使学生不断在实践中丰富自己的经验,激发对体育学习的积极性。除此之外,每个学生在学习中都会遇到不同的问题,体育老师采用分层次教学法可以很好地了解每个学生出现的不同问题,进而有针对性的解决。这样不但缩短了时间而且还提高了问题的处理效率,让学生可以将更多的时间运用到其他学科的学习中去。

(三) 分层次教学方法的应用可以提高体育任课教师的专业水平

分层次教学方法和传统的教学方法相比较来说,对体育任课教师的要求比以往要

高出很多。在开展高校体育教学活动中运用分层次教学法的时候，体育老师必须要对学生的实际情况进行全面了解并详细掌握，然后对学生进行分层，对不同层次学生的教育管理要制定不同的教育方案和教学内容，这样才可以有效地完成教学任务，实现教学目标。与此同时，体育老师还必须积极去研究在体育教学过程中可能出现的所有问题，并制定好解决的措施。经过这样不断的实践，可以有效提高体育教师的个人能力以及教学经验，对提升专业能力来说有着很大的积极作用。要想保证教学工作的顺利进行，学校必须要提高对任课教师的相关要求，加强对教师的培训力度，提高体育教师的综合能力，打造一支高素质的教师队伍，为高校体育教学工作的顺利进行提供有力保障。

三、分层教学法的具体实施策略

（一）在充分考虑当前大学生实际情况的基础上进行分层教学前的设计

在对学生实施分层教学之前，必须要对分层进行科学合理的设计。实施分层教学要充分考虑到所有学生的实际情况及课堂中涉及的运动项目特点，然后有针对性地在课堂教学中实施分层教学。只有这样才能有效地调动学生的学习积极性，才能真正达到培养学生终身体育意识的目的。具体到分层教学设计实践中，必须要同过去传统的个别教学或者分组教学区别开，而主要是将技术水平接近的一批学生安排在同一层次小组。在分层设计之前最好是能对所有学生进行一个有关身体素质、学习态度及专项素质等几个方面的测试。其中的身体素质测试可以主要测试学生的速度素质或力量素质，如可测试学生的50米跑等。对于专项素质的测试可以通过某些特定项目来测试，或者通过查阅学生的电子档案来了解他们在大学之前是否已经掌握了一些体育专项技术。对于大学生学习态度的测试主要是在体育课上完成，主要的测试途径就是通过仔细观察，通过耐心谈话来完成。体育教师根据多方的测试之后，就可以根据测试的结果按照一定的标准将所有的学生进行分层。通常可以将学生分为三个层次：首先将身体素质较差，很少去主动进行体育锻炼，但是对体育学习的态度是非常认真的，对体育课有一定兴趣的学生定位为第一个层次；其次就是可以将身体素质比较好，非常喜欢上体育课，但并没有掌握一项专项运动技术的一类学生定位为第二层；将身体素质比较好，对体育课有着非常浓厚的兴趣，能掌握一项或者多项特长，并且还能密切配合体育教师课堂教学的一类学生定位为第三层。这样在教学前就对学生进行分层，可以有效避免伤害学生自尊心和自信心的情况，还可以有效避免重复教学。

（二）科学制定层次化的高校体育教学目标

高校体育教学的目标不是要将学生锻造成体能过人的超人，而是要将在校大学生培养成有健康体育意识的人才，帮助学生不但能慢慢积累体育知识，而且还能时刻注意自身体能素质的提高。从这个教育目标出发，在对学生完成分层后，就必须要根据不同层次学生的知识结构和学习特点来合理制定层次化的教学目标。当然，这个目标并不是说对不同层次的学生，其体育教育的标准不同，而是在共同的体育教学目标下要体现出不同层次学生教育目标的差异性。这样有差异的教学目标可以帮助不同层次的学生都能实现学习目标，体会到成功的乐趣。

（三）分层设计高校体育教学内容

根据不同的标准和要求对全体大学生进行分层之后，我们要承认各个层次学生的起点是不同的，所以在安排教学内容的时候就要有所区别，需要在确保全体学生整体体育技能提高的前提下体现出一定的差异性。具体来说，对于高层次的学生可以不必严格按照教材的要求进行授课，可以采用比赛或竞赛的形式授课来帮助他们不断提高自身的技能水平。对于中、低层次学生的教学内容安排就最好是以教材大纲为准，不要刻意去不切实际地拔高。这样一来，一方面照顾到了体能素质差的一类学生对基础知识的掌握，另一方面也照顾到了体能素质较好的一类学生体育技能的进一步提高和体育潜力的进一步开发。

（四）尊重大学生之间存在的差异

根据分层结果选用不同的教学方法，从而发挥每一个学生的主体作用。不同学生之间存在差异是客观存在的，所以教师必须承认这一点。对于不同层次学生的教学必须要选择适合本层次学生实际情况的教学方法，这样可以很好地培养学生的自信心，培养学生的创造精神，培养学生健康的竞争意识及师生之间的交往能力。但是，不管采用何种教学方法都必须充分发挥每个大学生在课堂教学中的主体作用，让学生都能参与到实际的课堂教学中来,体验到成功的快乐。这样就可以最终充分发挥出学生学习的积极性、创造性及主动性。

(五)开展分层考核评价,培养大学生对体育学习的热情

在对不同层次的学生安排了不同的教学内容,设计了不同的教学目标,实施了不同的教学方法之后,就面临着如何对学生的学习成绩进行考核评价的问题。对于大学生体育成绩的考核评价也必须采用相应的分层考核评价模式,对于不同层次的学生准备不同的考核内容、制定不同的考核标准及考核要求。比如,对层级低的学生重点考核基础知识的掌握情况,而对层级高的学生就必须要提高考核标准,重点考核其技能的掌握情况及创新性。这样的评价考核才可以照顾到每个层次学生的学习实际,学生也不会因为考核不达标而受到打击,从而可以很好地培养大学生对体育学习的热情。

第三节 高校体育教学中体验式教学法的应用

在高校里,体育是教学的重要部分。随着教学改革深入开展,体验式教学模式作为重要的教学方法,随着其被引入体育教学课堂,大大提高了教学效果,为此,基于有效的工作实践,对体验式教学模式进行了深入讨论,在明确其含义和意义后,重点阐述了体验式教学模式的应用对策,具体分析如下。

一、体验式学习的含义

(一)体验式学习的含义

所谓体验式学习就是让学生亲身参与到其中,感受体育运动带来的乐趣,在体验过程中学生能够通过对周围事物的观察、了解,真正地融入其中。教师在体验式学习中起着引导的作用,通过各种方式引导学生做好课前体验学习,从而激发学生参与体育运动的热情。

(二)体验式学习特点

体验式学习主要有三个特点,第一,体验式学习强调学生学习的自主能动性,教

师在体验式教学中起着引导性作用，通过这种方式能够让学生从内心感受体育运动的乐趣，自愿参与到学习体育学习当中；第二，体验式学习具有娱乐性特点，将学习和娱乐融为一体，将兴趣作为引导学生参与体育运动的基础，在教学过程中，教师会根据体育教学特点，通过有效的教学模式来激发学生的学习兴趣，用兴趣引导学生参与体育学习；第三，体验式学习更注重学生的心理活动，通过教学活动引导学生做好心理准备，在教学过程中也会关注学生心理变化，这种方式有利于培养学生积极乐观的心态。

二、高校体育教学中体验式教学应用的意义

（一）体验式教学激发学生进行体育锻炼的兴趣

培养兴趣是提升学习效果最好的途径，在传统的体育教育模式中，学生都是按照学校安排的课程去完成学习项目，学生按照学校的要求去上固定的体育课程，在大学中虽然可以根据自己的意愿去选择体育课程，但是有很多体育项目都是学生在步入大学之前就已经学习过的，导致学习兴趣降低。体验式教学更多的是让学生真正地参与到体育知识的学习中，去亲身参加一些户外运动，如开展攀岩、野外生存训练等户外活动项目。户外体育活动项目在我国高校中还没有得到普及，学生群体中参加过体验式活动的数量有限，因此，学生会觉得体验式教学比较新奇，容易引发学习兴趣。长期以来，学生一直在固定的室内和体育场学习体育项目，相比之下，会更喜欢尝试户外体验式学习方式，更愿意去追寻户外体验式体育教育带来的刺激和真实的体验感受，将体验式教学模式引入高校体育教育中，能在很大程度上增加学习兴趣，并帮助学生获得良好的学习效果。

（二）体验式教学拓展了高校体育的教学模式

当前我国大多数高校开展的体育运动项目基本上以球类和田径类教育为主，其授课方式也是固定的，教师对学生讲解相关体育安全知识和运动基本规则，在学生进行体育锻炼时发现问题，教师针对学生发现的问题进行讲解并给予学生指导，学生按照教师设定的考试要求学习固定的体育内容，期末完成相关的体育考试。一成不变的体育教学模式不利于体育教育的发展，体验式教学模式作为一种新兴的教学模式，对我

国高校的体育教育发展有着巨大的影响力。体验式教学模式还需要经过体育教师和学生的实践和完善，在探索的过程中能够很大程度上提升体育教育的教学效率，促进体育教学整体水平提升。体验式教学在提升教学水平的同时也拓宽了体育教学的思路，教师在组织学生参加亲身实践的过程中完成整个教学，在实践中学习相关体育知识，从教学的形式上来讲，体验式教学模式丰富了体育教育的教学方式，拓宽了体育教育的发展道路。

（三）体验式教学有利于培养学生精神品格和心理健康成长

体验式教学模式扩大了学习的范围，使学习的过程不再局限于课堂中，将学习的过程深入学生实践的整个过程中，扩大了教育的领域。体验式教学模式强调学生的主体参与性，强调学生在教学中的主导地位，让学生在体验中获得感受，在实践中对知识进行探索，以此加强对学生的探索精神和批判总结精神的培养，学生直接参与的学习探索所带来的感受是传统的灌输式教学模式无法比拟的，学生对于通过亲身实践所学习到的知识记忆更加深刻。体验式教学模式为学生营造出一个愉快轻松的学习氛围，调动学习积极性，使学生自主积极地参与到学习的整个过程中来。体验式教学模式冲破传统的教学模式的束缚，在不违背教学原则的前提下使学生的自主性得到最大限度的发挥，让学生完成学习目标的同时也为丰富课外活动创造了很多的机会，在丰富的课外活动中进行交流，使自我价值得到最大的体现，促进学生正确世界观得以完善。体验式教学模式的教学过程中，学生会遇到各种各样的困难，当面临困难时学生的毅力和克服困难的精神得到锻炼，有利于帮助学生形成良好的品格。体验式教学为学生与外界接触和促进学生之间相互交流创造了很多的条件，在与外界接触和学生之间相互交流的过程中，能够帮助学生认识世界，从而促进身心健康发展。

三、体验式学习在高校体育教学中的具体运用

（一）科学制定学习目标，注重培养学生的独立意识

体验式培训教学并非绝对的"放飞自我"，而是让学生在户外活动中感受体育精神和掌握体育技能。这就要求教师除要拥有过硬的知识储备外，还应掌握策划活动并将需要教授的知识巧妙地融入其中的能力，让学生在活动中思考、提问、参与、学习

和成长。要做到这一点，就要求教师能明确自己每一阶段、每一个课程的教学目标，并做出合理的规划安排。例如，当讲授到野外生存相关课程时，教师可以先让学生在课堂上发言，阐释他们能想到的注意事项，将他们的想法整理分类，并做好准备去野外进行尝试。在这一过程中，教师起到的就是引导者的作用，发挥学生的自主意识。在实际的野外生存过程中，学生的准备如果有纰漏，教师可以进行补救，并在休息的时候适时地进行总结和相关知识的详解以加深其印象；如果学生是通过自己的准备顺利完成了任务，在最后总结时就应表示赞赏并着重表扬表现突出的学生。体验式培训理念的最终目标是培养学生解决问题的能力，这也是它和传统教育的重要区别。因此在教师传授课程前，不妨先向学生提出课程相关的问题，并由学生自行查阅研究解决。这一过程中教师的作用被隐藏起来，学生的自主学习能力被有效地释放和培养起来；在实际教学中，教师需要对学生依旧无法理解的知识进行简单阐释，并让其在接下来的体验活动中进行实践应用，解决活动中遇到的问题，这样既能加深学生对知识的认识，又能大大提高学生学以致用的能力，从而帮助学生真正掌握知识。

（二）开展体验式体育教学，让学生在体验中提高技能

在体育教学活动中，体验式学习包括精神层面的和身体层面的，想要提高学生对体育运动的兴趣，就需要在理论学习中运用体验式学习情景模式，通过情景模式开展体育教学活动。情景学习主要是在教学过程中创设学习情景模式，如可以利用多媒体开展情境教学，教师可以在体育教学前播放一些相关的体育视频，如篮球技能教学中，教师可以播放比赛视频，让学生观察球员在比赛中使用的技能，然后让学生切身感受，教师再对动作进行指导，让学生能够有所感、有所悟有所获，这样才能提高学生心灵上的感触，增强心灵体验。想要将体验式学习贯彻到体育运动当中，就需要开展多样化的体育项目，让学生在体验中提高技能、感受乐趣。传统体育运动比较单一，就是教会学生基本的动作、要领，让学生按部就班，这样学生就会将体育运动看作自己的任务，而不是当作一种兴趣爱好去参与。因此，在体验式教学活动中，教师要注意体育项目的多元化，不断创新体育项目，如在传统体育运动中，乒乓球运动大多都讲究技术，教师多通过竞赛来提高学生技能，这样学生压力就会比较大，这时候教师就可以设置新型乒乓球运动，让学生十人一组开展乒乓球接力赛，十人排成一队，然后从

第一个人开始向后传球,每个人的乒乓球需要通过乒乓球拍弹够十下方能传递到下一个人,看哪一个小队最先完成任务。这个过程不仅能够锻炼学生的平衡能力、运球能力,还能锻炼团队协作能力,能够提高学生的参与积极性,让学生在体验中感受运动带来的乐趣。

(三)创造体育情景,引导学生对学习进行反思

体验式教学作为一种新型的教学模式其主要特点是注重学生的参与性与师生之间的互动性,高校采用体验式教学模式进行体育教学时,要摒弃传统的教学观念,不可以再继续使用传统的教学场景和教学方法,这就要求体育教师使用多元化的教学方式,调动学生的学习积极性,使学生对体验式教学模式有一个全新的认识。在体育教学过程中,让学生加入体验是一个非常重要的教学方法,通过具体的情景设定,让学生参与到体育教学的特定情景中获得一种身临其境的真实体验,从而调动学生的学习积极性以增加其参与度,从而使体验式教学发挥其最大的教育价值。体验式教学强调学生在教学中的主体性和参与体育活动的积极性,教师只是作为引导学生参加体育活动的向导,教师的重点任务在于引导学生参与到体育活动中,调动学生的积极性。无论什么形式的教学方式,最终目的都是帮助学生理解和掌握知识。体验式教学模式是通过教师的讲解让学生对知识有了进一步的认识后,再深入到实践中,在实践中获得思考,在实践中对学习的意义进行反思,通过反思加深知识的记忆,提高学习效果。体验式教学模式实际上是让学生对已经亲身体验过的事物产生连续的思考,在思考的过程中将各个问题联系到一起,最后运用思维对所有感受过事物再进行反思,在特定的情景中,将所有的事物记忆。在学生进行反思的过程中,是离不开教师引导的,由于学生的知识储备和经验有限,所以教师应该在合适的时机给予适当的引导,从而激发学生的思维。

(四)优化体育教育资源,创造良好的体育体验式教学条件

体育教育资源是体育课教学开展的基础保证。合理的课程安排、优良的教学场地、充足的体育器械、专业的体育教育工作者是体育体验式教学开展的基础条件。首先要有足够的体育课时,合理安排班级课程表,保证学生锻炼的时间以及上课班级数量,不要出现同一时段上课班级过多,影响教学效果。其次要有良好安全的教学场地以及

充足的教学器材，这样才能吸引学生主动参与，才能保证学生的练习量和熟练度。最后是专业的体育教师，只有熟练掌握各项体育技能及教学方法、懂得安全保护的专业体育工作者才能吸引学生主动参与，帮助学生形成良好的体育态度，养成良好的体育习惯，为学生的终身体育奠定良好的基础。

总之，体验式教学以生为本，重在通过调动学生积极性，不断提高学生学习能力，从体验式教学方法在体育教学课堂应用效果分析，体验式教学方法非常适用于高校体育教学，为此，相关教师在有效的分析与实践过程中，应该进行有效尝试，以不断提高高校体育教学质量。

第四节　高校体育教学中互动式教学法的应用

互动教学法是指在高校体育教学的过程中，教师按照学生的体育兴趣，体育基础能力水平、学生的潜能等，有目的地与学生按照某一个或者综合的因素进行互动，通过互动，教师在不同的学生之间，能够更好地将教学内容和教学方法实施，每个学生在与教师、同学互动的过程和条件下，实现体育学习效果最大限度上的提升和掌握。互动教学是加强师生间交流的平台，运用这一方法能够有效地提升学生的学习效率，避免教师教学脱离学生这一现象的发生。传统的体育教学观念对于广大体育教师的束缚比较严重。在以前的体育课堂教学中，不管是在课程内容选择、课堂反馈、课外活动和教学评价等方面还是在备课、授课方面，教师都很少从学生的体能、兴趣差异及学生个性方面进行考虑，导致教师的工作重心总是放在课堂教学方法的改进上，导致了教学内容和教学方法不能满足学生的体育需求，因此，体育教师要加强互动教学法的研究，为更好地实现大学生综合素质的提升创造良好的条件。

一、互动式教学的内涵

互动式教学是通过营造多边互动的教学环境，在教学双方有效的平等交流与探讨的过程中，实现彼此间不同观点的有机碰撞与相互交融，进而激发教学双方的主动性和探索性，达到提高教学效果的目的。同时，互动式教学有利于构建新型的师生关系，在教学过程中注重对学生主体地位的凸显，是一种充分体现"以人为本"的、具有创新理念的教学方法。互动式教学是当代教育民主化在教学方法改革方面的重要体现，在此教学情境中，师生双方以各自不同的身份，遵循一定的规则与规范，这些规则与规范是师生双方共同接受、共同认可的。在这些规则与规范的影响与导向下，师生双方在教学过程中进行着彼此相关、相互作用的物质与精神的交换和传导的活动。在这过程中传导的包括物质与非物质的、言语与非言语的、理解与解释、领悟与说明等环节和方面。具体而言，就是师生双方在教学活动过程中共同构建起的教与学的情境。教与学是教学体系的基本构成因素，其相互间的关系问题是教学的本质问题，同时也是教学领域起主导作用的理论问题。正确处理好两者之间的关系，是推进教学发展进程、提高教学效果的重要保障。互动式教学将教学的本质定位为交往，而交往的实施要建立在师生之间相互尊重、平等和谐的基础上。

二、互动式体育教学的基本特征

（一）互动过程遵循秩序化原则

在教学过程中，互动的实质是师生之间、生生之间在情感、行为、思想以及个性特征等诸多方面的碰撞、融合、互补、创新、发展的过程，是建立在民主平等基础上的交流、合作、竞争以及对成功的共同体验与共享。因此，这种互动要遵循循序渐进的发展规律，并在此规律的规范与引导下，有节奏、分层次地进行。

（二）互动空间具有开放性

体育教学自身具有开放性的特征，而互动式教学是一种开放式的教学方法，有效地打破了传统教学模式的束缚，从教学理念、教学方法、教学的组织形式以及教学内容的选择等方面，向着自主、开放的方向发展，整个教学过程呈现出动态的开放。首先表现为学生根据自身发展的需求进行自主的择师、自由选项；其次，在教学过程中，学生自主组建学习小组，以利于彼此间的交流以及研讨；再次，在教学过程中，教师处于引导与辅助的地位，更有利于对学生学习动态的掌握，便于给予及时的修正与调控；最后，在教学过程中，鼓励与支持学生个性的张扬与发展，为学生的成长提供更为广阔的发展空间。

（三）灵活多变的教学组织形式

互动式教学最为基本的教学形式是组建学习小组，进行有目的性的研究与探讨。在此过程中，教师根据教学内容的需求，创设各种教学情境，进行形式多样的情景模拟、体验交流及认知讨论等活动，从而促进学生更为深入、透彻地理解和掌握教学内容。另外，互动式教学还可以采取组间竞技、个性化意见的交流、团队合作等教学形式，来培养与提高学生的表述能力、沟通能力、交流能力和团体合作能力等，进而强化学生对体育教学内涵的感悟，以及对自身发展的追求。

三、高校体育教学互动教学方法的意义

（一）互动教学法有利于教师更好地了解学生

在高校体育教学实施的过程中，通过互动教学更符合学生身心发展过程中存在的个别差异，能够让体育教师充分尊重、了解学生的体育兴趣和现有体育基础水平的差异。互动教学方法是通过教师对学生的体育兴趣、体育需求进行调查和访谈，遵循健康第一的指导思想来实施体育教学发展学生，根据不同学生的特点来寻找体育教学与学生发展的契合点，从而以主动、和谐的师生关系来保障体育教学目标的实现，促进学生综合能力的发展。

（二）互动教学法能够更好地实现全体学生的发展

互动教学作为提升体育教学效率的途径，对学生的综合素质发展有着重要的现实意义。在高校体育教学过程中，教师根据民主、和谐体育课堂构建的原则，从学生的实际状况出发对学生进行横向和纵向的了解，并且在面向多数的前提下同时考虑到少数，并处理好个别教学与集体教学的关系，对不同的学生提出不同的要求，以实现全体学生身心素质的发展，为高校体育教学目标和高等教育培养目标的达成，构建良好的课堂教学和师生交流的空间。

（三）互动教学法的使用更好地体现素质教育理念

在高等教育体育教学实施过程中，体育教师在进行教学目标确定的时候，首先要构建良好的师生关系，而良好的师生关系的确立需要加强互动，也就是从适应学生"学"

的角度来进行教，这样就能将学生的主体作用充分调动发挥出来，使他们得到激励、主动学习，达到教学成功的目的。高校体育教学中的互动教学是素质教育理念在体育教学中的实施，高校体育教学的互动内容包括教师与学生这一主导和主体的互动，学生与学生的互动、师生与教学内容的互动、师生与教学环境设施的互动等。从系统观点出发，构建良好的互动教学，是实现素质教育理念的基础。

四、高校体育教学中互动教学法的应用策略

（一）做好学生体育需求等内容的调研

在高校体育教学工作开展之前，体育教师首先要对全班学生的体育兴趣等情况进行调查摸底，一般是通过体育课堂表现、信息反馈以及结合访谈等方法，对学生的体育差异做好调查和了解。其次要对学生的家庭环境、心理、智能以及在校表现等情况进行详细了解。最后将每个学生的数据资料都分别进行分类归档和综合分析。根据分析的结果将学生划分成中下、中上两个层次的学习小组，同时让大家对每个学生在某一阶段所处的层次做到心中有数。在互动教学的过程中由于学生的个性差异比较大，教师必须发挥主导的作用，通过了解他们的能力、知识基础及心理特征有针对性地开展教学。教师的教学安排要根据学生的信息反馈，对不同的对象加以区别，并及时地进行灵活的调控，从而使所有的学生都能得到帮助，并且都能在原有的基础上取得发展和进步。互动教学的基础是了解学生的各种需求，为其实施提供条件。

（二）以教学目标的设置为依据开展互动教学

随着体育教学改革的实施，在高校体育教学中需要以学生发展为理念，进行不同教学目标的设置。在素质教育理念和体育健康课程实施标准的双重引领下，对体育教材的知识结构以及学生的体育能力进行分析，然后制定出科学的体育教学目标。教学目标的设定不能实行"一刀切"，对于体育基础和身体素质中下层次的学生一定要采用由浅入深、先慢后快、密台阶、低起点、循序渐进的方法，而且要在体育学习内容的训练总目标基础上设定。根据他们实际情况的不同，可以分一步或多步来实现考纲的要求；对于中上的学生则可以允许他们超进度的学习，互动教学是体育教学目标设置的体现和促成。

（三）尊重学生的学习需求和体育能力

学生作为能动的个体，教学目标的划分，除了老师的指导外，还要让学生对自己的水平进行自主分析，自己选择层次，充分尊重学生的意愿，并且还要注意保护差生的自尊，同时防止优等生出现自大心理。层次划分后并不是固定不变的，明显进步后层次可以向上提升，若出现后退的学生则先进行鼓励提醒，实在跟不上就要降低层次。通过创设这些问题情境，让学生独立地对还不了解的方法、定理、规律等进行不断探索和发现，绝不是将教师现成的知识技能"填鸭式"地机械地传授给学生。问题情境的设定一定要能将学生追求成功的欲望激发出来，引导他们独立、主动地进行思考。体育教师在上体育课之前，要从教学方法、教学内容、教学步骤、教学要求、教学时间及教学实验等方面进行备课，且一定要结合各层次学生的实际情况。在课堂教学中必须改变授课的形式，在同一节课中不仅要有面向全体同学的"整合"环节，也必须有针对学困生和优等生的"分层"环节，"整合"但不能死板，"分层"而不要分散。正常教学程序的预习、巩固、质疑、新授、辅导、小结必须要自然地融进，而且对于各层次之间的教学矛盾也要妥善地解决，对于学生的学习要求要做到因材施教。

（四）强调体育教学方法的创新

对于学生的练习必须分课外、课内两种类型。对于课内练习需要教师设置不同的练习和掌握目标，全班学生分成不同水平的练习小组，教师做巡回指导和帮助。对于在练习过程中出现的超于练习要求和跟不上练习要求的情况，教师要做好机动的调整，避免因为练习的枯燥影响学生的体育学习兴趣。在教学评价运用的过程中，教师要将每个小组学生练习的整体状况和个人练习的状况相互结合在一起进行评价。要多使用鼓励性和表扬性的语言对学生的体育学习做评价。通过分组练习促进学生自信心的提升，实现学生兴趣和能力的双重提升。

（五）优化体育教学环境

在高校体育教学实施的过程中，体育教学环境是实现体育教学目标、促进学生身心发展的基础条件。体育教学环境包括体育教学的自然环境、体育教学的社会环境、体育教学的物质环境等等，加强体育教学环境的优化，即通过提高体育教学自然环境的绿色化，制定有利于体育教学的制度，创建安全、丰富的场地设施等。良好的体育教学环境能够激发学生的体育兴趣，促进大学生身心发展的有效度。

通过上述研究，大学生作为高校体育教学实施的主体，在互动教学法的实施过程中，需要体育教师从学生的体育兴趣等实际出发，面向学生的差异，以整体教学目标的达成为原则，在构建良好教学环境的前提下，不断培养学生学习的兴趣及自觉进取的愿望。互动教学的实施是高校体育课堂民主师生关系、和谐交往的过程。学校和体育教师要从学生发展、环境优化、民主实施、科学评价的角度出发，提升学校体育教学的互动限度，提高高校人才培养的质量。

第四章 体育教学资源管理研究

体育教学资源的科学化管理是体育教学各项工作顺利开展的重要基础。体育教学资源管理具体涉及对体育人力资源、物力资源、财力资源的管理。本章就重点对上述内容进行详细分析,以为体育教学管理者科学管理各种教学资源提供理论和实践指导。

第一节 体育教学人力资源管理

一、体育教学人力资源管理的概念与内容

(一)体育教学人力资源管理的概念

体育教学人力资源有广义与狭义之分,具体分析如下:

广义的体育教学人力资源是指体育教学系统内部和外部所有能够推动体育教学发展的智力劳动者和体力劳动者的劳动力总和。根据上述定义可以看出,劳动能力包含着很多内容,如体育知识、体育相关经验、体育技术和成术、体育技能、体育教学管理思想、体能、体质、认知、意志力等。由于人的劳动能力与人是一个密不可分、紧密相连的整体,因此,可以将广义的体育教学人力资源理解为:体育教学系统内部和外部所有能够推动体育教学发展的从事智力劳动和体力劳动的人的总称。

狭义的体育教学人力资源是指体育教学系统内所有接受过专业的体育教育培养,或接受过体育运动训练和培养的,能够推动体育教学发展的体育专业人员的劳动能力的总称。也可以将狭义的体育教学人力资源理解为:体育教学系统内所有接受过专业体育教育培养,或接受过专门的体育运动训练和培训的,能够推动体育教学发展的体育专业人员的总称。

体育教学人力资源主要指的是狭义上的体育教学人力资源管理。

（二）体育教学人力资源管理的内容

从人力资源类型来看，体育教学人力资源管理主要包括以下几个方面的内容：

（1）现实高校体育教学人力资源：现实高校体育教学人力资源是指正在投入到劳动过程中的，并对高校体育教学的发展产生贡献的劳动能力，如在职的高校体育教师、教练员、裁判员、体育科研人员、体育管理人员、社会体育指导员、体育经纪人等。

（2）潜在的高校体育教学人力资源：潜在的高校体育教学人力资源是指由于受到某些原因的限制而不能直接地参加特定的劳动，需要经过人力资源的开发等过程才能形成劳动能力，如就读于高校体育专业的学生等。

（3）闲置高校体育教学人力资源：所谓闲置高校体育教学人力资源是指"求业人口"或"待业人口"的劳动能力，如退役后等待安置的运动员，下岗后等待安置的教练员、裁判员等。

从体育教学人力资源管理范畴来看，体育教学人力资源管理主要包括以下几个方面的内容：

（1）人员职务分析与设计：要对高校体育教学组织内的各个岗位进行详细的调查与分析，主要调查的内容为岗位的性质与结构、工作责任与流程、任职人员的基本素质、知识与技能等，对这些情况进行了解之后，再编写出相应的人事管理文件，如职务说明书、岗位规范等。

（2）人员激励：人员激励是通过采用激励方法和理论，不同程度地满足或限制员工的各种需求，使员工的心理状况产生相应的变化，从而激发员工更加努力地实现体育教学组织所期望的目标。

（3）人员考核：对员工的绩效考评有两个主要依据，一是其在一定时间内对高校体育教学贡献的多少，二是其在工作中所取得的成绩，考核后要将考核信息与结果及时向员工反馈，进而促进员工工作绩效的改善与提高，同时也为做出人事决策（如员工的计酬、培训和晋升等）提供相应的依据。

（4）人员职业规划：具体规划内容包括两方面，一方面是分析高校体育教学人力资源现状；另一方面是预测未来人员供需与平衡，通过规划保证高校体育教学组织能够在需要的时候获得所需要的人力资源。

（5）人员培训与开发：通过对员工个人或群体进行相应的培训，提高员工的能力、知识、工作绩效和工作态度，进而对员工的智力潜能进行开发，从而增强体育教学人力资源的贡献率。

（6）人员与组织劳动关系管理：对体育教学组织与员工之间的劳动关系进行合理的协调与改善，并营造出良好的工作氛围与和谐的劳动关系，从而为体育教学活动的正常开展提供保障。

二、体育教学人力资源管理的原则与要求

（一）体育教学人力资源管理的原则

1. 目标原则

体育教学人力资源管理的目标原则是指对于人力资源管理，必须有明确的管理目标。明确的目标是进行人才管理的必要条件，因此在体育教学人力资源管理中，在重视实现组织目标的同时，也要对员工个人的发展给予高度重视。总的来说，就是要注重组织目标与个人目标的全面发展与实现。

2. 系统原则

体育教学人力资源管理的系统原则是从整体的观点出发，统揽全局，对人力资源系统结构进行把握，深入分析其能级，并且对其变化进行跟踪，与此同时，还要不断地对其进行调节、反馈，控制好方向，从而保证管理目标的顺利实现。

3. 激励原则

体育教学人力资源管理的激励原则是指在体育教学人力资源管理中。通过运用相应的政策手段，对体育人才的工作积极性和创造热情进行有效的激励，并且通过适当的手段对他们做出的成绩与贡献给予适当的奖励。一般来说，有很多种对人才积极性进行激励的方法，当前较为常用的方法主要有奖励激励、榜样激励、关怀激励、支持激励、目标激励、领导行为激励、竞赛激励等。需要注意的是，这些激励的手段和方法要根据实际情况和需要有针对性地进行选择和运用。

4. 互补原则

体育教学人力资源管理的互补原则是指通过体育教学人力资源管理上的互补。能

够充分发挥出体育教学人力资源的整体效益。人员互补包括很多方面，如能力互补、知识互补、气质互补、年龄互补等。

5. 能级原则

体育教学人力资源管理的能级原则是根据体育教学人力资源的才能来对其所从事的具体工作进行安排，授予其相应的工作职权，并对其所要承担的责任进行明确。从而使其才能适应其所从事的工作岗位的要求。以人的职称、学位等为主要依据将其安排到合适的岗位上。能够使各个岗位人员的能级水平尽可能地规范化和标准化，从而达到人尽其才、物尽其用的目的，最终取得效率最优化的效果。

（二）体育教学人力资源管理的要求

在体育教学人力资源管理活动中，除了要遵循一定的原则外，还要做到相应的一些要求，只有这样，才能够取得理想的管理效果。具体来说，应该做到的体育教学人力资源管理的要求有以下几点：

1. 为职择人

为职择人，要求人员聘用符合岗位需求，就是要求在体育管理活动中，要以体育事业的需要为主要依据来设置相应的体育管理机构，并且以此为依据将各岗位职责规范制定出来。然后按岗位选配合适的人才。

为职择人可以有效避免"关系户"的存在，从而改变传统体育管理部门机构臃肿、人浮于事、职责不明、效率低下的弊端。

2. 用当其人

不同的人才各有所长，也各有所短，因此，必须要用当其人。体育教学人力资源在个性、特长、智力、知识、技术、能力等方面存在差异，鉴于此，就要求在使用各种人时，必须做到用人之长、避人之短。同时，由于每一个人的一生中其能力都会出现一定的最佳时期，一个人能否及时发挥并经常运用在很大程度上决定着其才能储存时间的长短。因此，这就要求在体育管理中必须抓住人的最佳时期，并且使人的最大作用得到积极的发挥和利用。

3. 任人唯贤

所谓的任人唯贤，就是对体育人才进行选择和使用时，要根据人的水平、能力大小、技能水平等来进行择优选拔和使用，要杜绝任人唯亲的现象出现。

4. 用人不疑

用人不疑要求在使用体育人才时，要给予所选择和使用的人才充分的信任，并且积极听取其意见，尊重其行动，尊重其成果，从而创造出良好的尊重人才、信任人才的环境，进而达到充分发挥其工作积极性和主动性的目的。

三、体育教学人力资源的配置

（一）体育教学人力资源配置的概念

体育教学人力资源的配置是指高校体育人力资源在部门及各种不同使用方向上的分配，并根据一定的经济或产出目标，实现人、财、物、时间、信息等要素的有机结合和充分发挥，从而获得最佳效率和最大产出的动态进程。具体来说，体育教学人力资源的配置可分为三个层次，即微观层次的体育教学人力资源配置、宏观层次的体育教学人力资源配置、个体的体育教学人力资源配置。

（1）微观层次的体育教学人力资源配置：具体发生在微观单位，是资源供求双方的行为共同完成，它是在既定的条件下通过进行体育教学人力资源分配，使某个部门更好地组织和利用这些资源，并尽可能地将其作用得到最大限度的发挥。

（2）宏观层次的体育教学人力资源配置：在体育教学不同部门之间进行人力资源的分配，要求使体育教学人力资源在最适宜的使用方向上得到有效的配置。

（3）个体体育教学人力资源配置：体育教学人力资源主动选择自己工作岗位的行为，它是体育教学人力资源进行自我选择的体现。

（二）体育教学人力资源配置的内容

1. 地区配置

地区配置是对体育教学人力资源的一种宏观配置，体育教学人力资源的地区配置是在一个地区体育教学人口和体育教学人力资源现状的基础上，根据该地区的资源状况和高校体育发展规划，通过地区间体育教学人力资源的迁移以及不同地区间的体育教学人力资源政策的调节来实现的。体育教学人力资源的地区配置要有利于各地区的高校体育发展，要使各地区所具有的资源优势得到充分的发挥，以在保留各地区特色的基础上实现各地区的均衡化发展。

2. 领域配置

体育教学发展的领域包括多个方面，主要有学校体育领域、竞技体育领域、大众体育领域和体育产业领域。体育教学人力资源的配置必须要将重点领域作为主要发展目标。根据领域的联系，即投入与产出中各领域之间的关系进行综合平衡后予以确定。体育教学人力资源的领域配置应该根据我国的国情和我国体育教学的发展，对体育教学人力资源的投向进行准确把握，保证重点发展领域的体育教学人力资源供给，同时还要对一般领域进行兼顾。对各领域间的体育教学人力资源规程、比例、机构等进行合理的规划，从而使体育教学人力资源的领域配置达到最佳的效益。

3. 职业配置

职业配置在体育教学人力资源中有着非常重要的作用，它是对体育教学人力资源质的规定性的直观反映。从体育教学人力资源质的规定性来看，其差别主要表现在水平等级和职业种类两个方面。在进行体育教学人力资源的职业配置时，首先要从水平等级和职业种类两个方面进行区分，然后根据各个职业岗位的具体需求来分别将相应水平等级和职业种类的人力资源投入其中，从而使其达到最优结合。另外还要对可能条件下的职业替代进行考虑，以此来弥补一些职业的供不应求现象。对职业需求进行科学的预测是实现体育教学人力资源合理配置的根本方法。根据预测的结果来合理安排各级各类的教育教学规划，对各类体育人力资源进行适时和适量的培养，从而使各种职业岗位的需求得到很好的满足。

4. 运动项目配置

运动项目配置是当前各级学校实现体育人力资源（主要指教师）的最主要形式，体育教学是由众多的体育运动项目所构成，所以体育教学人力资源的配置应包括运动项目的人力资源配置。在进行运动项目人力资源配置时，要注意和重视梯队的合理性，如职称结构、年龄结构、人员结构等。要尽量避免运动项目可能出现的人才过分集中所导致的人力资源匮乏现象的出现。

四、体育教学人力资源的规划

（一）体育教学人力资源规划的概念

所谓体育教学人力资源规划，指为了促进体育教学的发展，对体育教学人力资源在变化的环境中的供给和需求情况进行分析和预测，通过制定相应的科学有效的措施来保证在一定的时间和岗位上获得所需要的人力资源，并对这些人力资源进行有效管理的过程。

全面认识体育教学人力资源规划的概念，可以从以下几个方面进行分析：

（1）规划目的：要确保体育教学在一定的时间和岗位上获得所需要的人才（包括数量指标和质量指标）。

（2）规划要求：要与体育教学的发展战略相互配合，满足体育教学发展对人力资源数量和质量的要求。

（3）规划基础：要对环境（政治、经济、文化、法律、技术）的变化对劳动力市场的影响进行科学的分析和预测。

（4）规划内容：分析和预测体育教学内部人力资源的需求以及体育教学外部人力资源的供给，以此来制定相应的人力资源措施和相关政策，如员工招聘、员工晋升、员工开发与培训、人事调动和补缺、员工的离职处理等，从而为满足体育教学发展的各个阶段对人力资源的需求提供重要保证。

（5）规划宗旨：实现体育教学和员工的双探，即体育教学获得所需要的人才，同时员工也得到了施展才华的空间，并与体育教学共同成长。

（二）体育教学人力资源规划的原则

1.符合体育教学环境变化

体育教学环境有内部环境与外部环境之分，只有在对体育教学内部和外部环境变化进行充分考虑的前提下，制定出的体育教学人力资源计划才能适应需要，才能真正地为促进体育教学的发展服务。体育教学人力资源计划要对这些可能出现的情况做出相应的预测和风险提示，特别是要制定出应对风险的策略。

2. 保障体育教学人力资源供给

体育教学人力资源保障问题包括对人员流入和流出的预测，对内部人员流动的预测、对人员流动的损益分析、对社会人力资源供给状况的分析等。只有使体育教学人力资源的供给得到有效的保证，才有可能对体育教学人力资源进行更深层次的开发与管理。

3. 体育教学与成员实现长期共赢

就我国高校而言，体育人力资源计划既是面向体育教学的计划，也是面向其成员的计划。体育教学的发展与其成员的发展相辅相成。如果仅仅考虑体育教学的发展需要，而忽视了其成员的发展，就会对体育教学发展造成损害。优秀的体育教学人力资源计划，一定是能够使体育教学和其成员都得到长期利益的计划。

（三）体育教学人力资源规划的流程

（1）全面清查现有的体育教学人力资源。

（2）分析环境和现状（包括外部环境的变化及发展趋势的分析、体育教学内部体育人力资源现状评估）。

（3）预测体育教学人力资源供需，包括高校体育人力资源的需求和体育市场的人力资源供给两个方面。

（4）评估高校体育人力资源供求状态（确定供求是处于平衡状态还是不平衡状态，其中不平衡状态又分为体育人力资源短缺状态和剩余状态）。

（5）制订科学合理的体育教学人力资源计划和具体的行动方案。

（6）实施体育教学人力资源计划和具体的行动方案。

（7）评估体育教学人力资源计划和行动方案实施效果。

高校体育人力资源计划和行动方案的执行情况以及对其效果的评估为体育教学发展战略和目标调整与制定提供了重要的决策依据。

五、体育教学人力资源的培育

所谓体育教学人力资源培育，具体是指在一定条件下，通过一定的方式来促进体育教学人力资源生成的过程。体育教学的发展依靠的是优秀的体育教学人力资源团队，包括体育教师和学生。

（一）体育教学人力资源培育的特征

1. 周期长

体育教学人力资源的培育需要很长的一段时间。首先要进行科学的选材，将符合条件的苗子选出并经过长时间的培育才有可能获得理想的效果。无论是体育教师还是学生，在他们成为合格的体育教学人力资源之前，都要经过很长一段时间的培育过程。

就学生而言，一名学生（尤其是大学生运动员）的成才，需要经过十多年的努力，并且在这段时间内还要不断地进行继续培育。

就体育教师而言，一名合格的体育教师同样也需要经过很长时间的培育过程。通过不同层次的考核和考试，才能获得相应的教学资格。

2. 成本高

成本高是体育教学人力资源的重要特征之一，也是影响体育教学人力资源培育的重要因素之一。体育教学人力资源的成才需要有很高的成本投入，这其中不仅包括为生活、训练所付出的物质成本，还需要承担一定的受伤成本。此外，高校体育人力资源成才有着较高的机会成本，体育教师和学生需要接受较长时间的学习和训练，从而失去了通过其他途径成才的机会。

3. 风险大

以高校大学生运动员的培养为例，由于体育活动所具有的独特性，高校体育人力资源成才需要承受较大的风险。受伤概率较高。由于需要长时间地从事某一运动项目的高强度训练，单调、艰辛、枯燥、日复一日的训练，导致受伤的概率提高。

4. 成才率低

校园体育受多种因素影响，体育运动人才发展对人的运动技能和心理素质提出了较高的要求，有很多具有潜质的体育后备人才由于种种原因不能成才，淘汰率也非常高。

（二）体育教学人力资源培育的类型

1. 就业前培育

就业前培育主要分为学校教育和学校以外的教育。

（1）学校教育：学校教育相对较为正规，重视理论的学习，教学效果也相对较好，同时由于师资、学生、场地和教学设备相对都比较集中，与同等水平、同等总量规模的分散办学相比，学校教育在教育经费的节省和经济效益方面都比较好。我国一些专门的体育院校以及其他综合类大学的体育专业的教育均属于学校教育。

（2）学校以外的教育：根据人力资源市场的需求进行针对性教育，往往直接与就业挂钩，其所具有的特点是针对性强，重视劳动岗位的实际技能。形式灵活多样、时间短，能够较快地使接受教育者获得职业技能，及时满足体育教学人力资源的需求，如体育经纪人、游泳救生员、社会指导员等短期培训均属于此类。

2. 就业后培育

就业后的人才培育，也可以统称为"继续教育"，当前，"继续教育"已成为经济活动不可缺少的条件，就业后培育除了能够满足各种微观经济单位对提高人力资源质量的要求外，还要在当今人力资源大量流动的条件下，更好地解决其职业适应性的问题。一般来说，就业后教育通常是由微观经济单位——组织及其部门举办的，从组织的角度来看，职业教育主要包括以下三个方面的内容：

（1）新成员的入职教育。

（2）在职人员的养护教育。

（3）在职人员的提高教育。

（三）体育教学人力资源培育的内容

1. 技战术培育

就当前体育发展来看，技战术能力水平会成为体育教学人力资源将来就业的主要竞争力。通过相关运动项目的技战术培育，同时在比赛中使自身的技战术得到相应的锻炼，达到体育教学的要求。需要注意的是，在高校体育人力资源培育阶段，如果没有进行扎实的技战术训练，会对体育教学人力资源的发展造成致命的影响。

2. 体能培育

对一些球类运动项目来说。体能水平起着非常重要的作用，特别是对于那些身体直接对抗的球类运动项目，体能水平是达到高水平的基础。

3. 价值观培育

体育教学人力资源价值观的培育过程中，相关体育教学的历史、功勋体育教师和学生、各项赛事记录、各项技术统计的记录都是重要的载体。体育教学价值观的培养对体育教学人力资源的培养能够发挥积极作用。

4. 文化水平培育

文化水平是体育教学人力资源的重要人才构成要素之一。因此，也是体育教学人力资源培育的一项重要任务。高校体育人力资源细微的举动都将会对体育教学和广大的青少年产生非常大的影响。因此，在体育教学人力资源培育的过程中，对体育教学人力资源的持续发展进行文化水平的培育有着非常重要的意义。通过进行文化水平的培育，可以提高体育教学人力资源的自身文化素质，提高其自身的气质与风格，并培养体育教学人力资源正面的整体形象。

除了上述重要素质及技能的培养，在体育教学人力资源培育的过程中，还要对这些人力资源的管理能力、应对突发事件的能力等进行培育。通过这些培育，可以在一定程度上提高其管理能力。另外，在体育训练和体育比赛的过程中处理和应对突发事件的能力应作为培育的重要内容。

第二节 体育教学物力资源管理

一、体育教学物力资源管理的概念

物力资源（Material resource）一词首先是在对经济资源概念的论述中提出来的，要想更好地论述和了解物力资源，首先要先认识一下经济资源。所谓的经济资源（Economic resource）是指一国或一定地区内拥有的各种物质要素（包括物力、财力、人力等）的总称。通常情况下，可以将经济资源大致分为两大类：一类是包括水、空气、阳光、动物、森林、土地、草原、矿藏等在内的物力资源，另一类是包含信息资源、人力资源以及经过劳动创造的各种物质财富的社会资源。物力资源是指人类社会经济活动用以依托的客观存在物。作为人类社会生存和发展的基础，物质资源的任何形态、来源、特征、用途等都不可能对其这一根本属性有所改变，只能立足于最初由自然界所提供的物力资源。

一般认为，所谓的高校体育教学物力资源，简而言之就是用于高校体育教学活动及其相关方面的客观存在的各种资源。高校体育教学物力资源是指在高校体育教学中，管理者通过一定的方式来将高校体育教学物力资源进行整合，从而实现高校体育教学目标的活动。换言之，高校体育教学物力资源管理就是在开展高校体育教学活动过程中，对所用到的物质资料（场地、器材、设备、场馆等）进行协调，从而达到顺利开展高校体育教学活动目标的活动过程。

二、体育教学物力资源管理的要求

（一）体育场馆资源管理要求

体育场馆的管理是体育教学物力资源管理的一项基本工作，也是非常重要的一项工作。高校体育课程教学工作的顺利进行，与体育场馆有着较为密切的联系，因此，这就要求一定要重视体育场馆的管理，并且将这一工作切实做好。具体来说，应该做到以下几个方面：

1. 功能齐全，搭配合理

为了保障课堂教学、活动和训练的正常进行，体育场馆的功能必须要使教学需求得到满足，并且要搭配合理，专馆专用。其中，高校中普遍开展的体育课程要保证优先进行，这类体育课程主要包括田径、篮球、排球、足球、羽毛球、乒乓球、武术、健美操、游泳、体操等。

2. 卫生整洁，环境优雅

高校中体育场馆的主要功能就是使师生体育活动的需求得到满足，保障师生身心健康，因此，这就要求必须做到整洁、安全、环境优雅。具体来说，对体育场馆的要求主要表现为：不得在体育场地周围2米以内设置障碍物；大型器材应固定摆放；定期检查维护器材；保持体育器材和场馆地面的卫生，定期进行消毒和保洁。

3. 器材堆放，秩序井然

体育场馆内体育器材的摆放应该做到分门别类，秩序井然。以使用频率为主要依据对其进行分类。为了便于教学活动的进行，通常情况下，经常使用的大型器材固定位置摆放，小型器材定点存放。需要注意的是，不经常使用的器材禁止在场内随意摆放，必须收进保管室妥善处理。

4. 环境安静，不影响上课

体育环境的管理包括两个方面，一个是体育场馆内部的管理，另一个则是体育场馆的外部管理。对体育环境产生影响的外部因素较多，如他人的走动或观望等，体育教师应正确对待和处理这些因素，保证良好的体育环境。

5. 制度健全，责任分明

由于体育场馆中的很多工作都是周而复始的，比如，保洁人员每天的工作都是打扫同一个地方、收拾同一件物品，管理人员有时会检查同一批器材，巡视同一个地方。因此，体育场馆的管理是一项长期、细致、艰巨的工作，需要制度化，施行责任制。

众所周知，简单工作的单调重复，往往会让人产生枯燥的感觉，视觉疲劳、精神疲惫也比较容易产生，就会使人对工作失去激情，时间长了就会使人们降低工作的热情，造成情绪低落，工作质量缩水、淡化。因此，对工作进行制度化、常规化，施行岗位责任制是非常重要且必要的。鉴于此，通常可以采用周期安排的方法。一周或一月为一周期。以事情的轻重缓急为主要依据，均匀地安排在一个周期内，以便在保证工作不单调的同时又能把需要做的事都做完。而且要把工作的质量以制度的形式规定下来，循规办事，就可以使工作的正常进行得到有效的保证，同时，这也便于工作人员的操作和管理人员的检查。

（二）体育器材资源管理要求

不同体育器材需要不同的存放环境，并需要定期进行保养和维护，因此，可以说体育器材的管理是一项非常烦琐的工作。这就要求对于高校体育器材的管理工作在操作上要程序化、制度化，具体来说，应该从以下几个方面入手：

1. 分门别类地放置体育器材

在放置体育器材时，要根据相应的标准分门别类。通常情况下，可以按照使用频率、材质、形状等分别放置，如篮球、排球、足球、标枪、横杆、铅球等要上架，服装、小件器材要入柜，羽毛球拍、网球拍等要悬挂整齐。

2. 外借体育器材手续应齐全

（1）以教学规律按时、按项目、按量把器材提供给任课教师，不可以随意外借器材。

（2）体育教师要根据教学的需要填写器材申请单，学生凭体育教师签名的申请单到器材室领取器材。

（3）由课外活动时间使用体育器材的部门提出申请，经体育部负责人批准，方能借出，并要在使用完后立刻归还。

（4）当面点数检验外借器材，做到如数、完整、完好。

（5）当面检验回收器材时，一次性地放回原来的位置，严禁随意堆放。

3. 保持体育器材室的清洁

体育器材室内应该随时保持整洁的状态。卫生工作的频率通常为每天一小扫，每周一中扫，每月一大扫。在进行卫生工作时，要求做到每个角落都要进行仔细的清理。经常保持一个优美舒适的工作环境，通风条件要好。减少细菌的传播，以使师生的身体健康得到有效的保证。

4. 器材管理员在上课期间要坚守高位

器材管理员对于每天的工作任务要有计划、按部就班地进行和完成。一般来说，在上课前要做好卫生、整理场地器材、给球充气等方面的工作；上课期间，器材管理员要随时准备应付如天气变化、任课教师改变计划、器材损坏等突发事件，以使教学秩序正常、有序地进行切忌擅离职守。

对不同材质和功能的体育器材的管理方法也有一定的差异性。具体的管理方法见表 5-1。

表 5-1 体育器材的管理方法

器材		管理方法
金属设备		（1）金属活动器材收回后，第一项工作就是清洁和防锈处理。如发令枪、高级跳高架、高级排球架、跨栏架、室内双杠等，使用后应及时做防锈处理，妥善保管 （2）金属固定器材，特别是室外金属固定器材，每两年要油漆一次，以保证金属器材不生锈，能长期使用
电器设备		（1）防尘：电器不用时，要及时断电、入库或覆盖。以防止灰尘的侵入 （2）防霉：防电路不畅。采取对闲置的电器设备每个月通电 30 分钟以上 （3）防腐蚀：电器设备应该放置在干燥、无污染的地方，防止腐烛；带干电池的电器设备在不用时，必须及时拆卸干电池，以防电池穿孔漏液，腐蚀损坏电器
秒表管理	电子秒表	（1）使用前，必须给每块表配上表带，表带的长度一定要使表挂在脖子上正好垂在肚脐的高度 （2）电池要经常保持有电，不要为了节约电把电子表的电池卸下 （3）使用秒表要把秒表挂在脖子上，严禁提在手上甩 （4）熟悉表的功能和使用方法 （5）电子秒表不宜暴露在阳光下，液晶显示屏惧怕阳光直射 （6）秒表每天都要回收 （7）节能操作 （8）防潮防毒 （9）定期检查
	机械秒表	（1）机械秒表维修费用高，计时不准确，因此多使用电子秒表 （2）机械秒表的使用与电子秒表基本相同，注意使用前给秒表拧紧发条。一年送修表行校对一次快慢，三年洗一次油 （3）机械秒表的保管在收藏前必须让秒表走到发条松懈为止，严禁紧上发条长期存放。其他保管与电子秒表相同
球的管理		（1）篮球、排球、足球的气压在上课前全部要检查一遍，及时充好气。并做好使用记录 （2）给球充气需要有经验的管理人员进行，在用电动充气机充气时观察电动充气机上的气压表，同时通过观查、挤压等方法控制充气量。球的气太少可以继续补充，球的气太多必须放掉，不然会缩短球的使用寿命 （3）季节不同，球的充气也有所区别。夏季、初秋球内气体会膨胀，给球充气不能太多。有时还要适当放气，避免球内气体膨胀把球胀坏 （4）给球打气把气针剪短，只留 2~3 毫米长，插入气嘴后，压住气嘴，利用气压的功能将气注入球体。这样的气针对气嘴没有什么损伤，但要注意压气嘴时力量要适中，不然会把气嘴顶入球胆 （5）放气的气针应该是完整的，由于球的气嘴是橡胶材料做的，放气前一定要先将气针蘸点水，再插入气嘴，尽量减少气针对气嘴的损伤，避免气嘴过早漏气，延长球的使用寿命 （6）为了减少气针对球的摩擦，最好的办法是不要给球打气过多，尽量不使用气针放气

三、体育场馆的管理

体育场馆是学校进行体育教学、活动、训练的专用场所，为了充分利用体育场馆为学生服务，并使体育场馆能安全、健康、高效的使用得到保证，特别制定了关于体育场馆的一些管理制度，具体表现为以下几点：

（一）体育场馆的开放时间

（1）制定体育场馆上课时间时要以学校的上课制度为依据，通常是上午8：00—12：00，下午2：30—4：00。

（2）通常情况下，体育场馆课外活动时间为学校放学或者下课时间段，一般在下午4：30—晚上9：30。

（二）体育场馆的使用规定

在使用体育场馆时，为保证体育场馆的良好环境和体育课的顺利进行，要遵守以下几个方面的规定：

（1）必须遵守体育馆开放时间的安排；上课时间，非上体育课的学生不得擅自进馆活动，闭馆时要自觉离开体育场馆。

（2）在课外活动时间，体育场馆优先为校代表队提供训练比赛场所，其他场地可以对外开放。

（3）未经允许，不得随意变更体育场馆中各个教室的工作用途。

（4）未经许可，不得随意拆卸和挪用体育场馆内的器材。

（5）满足体育课的教学和课外体育活动的需要是体育场馆的首要任务，这就要求未经许可不得将体育场馆挪为他用。

（6）必须按规定着装进体育场馆，不按规定着装参与体育课或者体育训练者要给予一定的警告。

（7）在馆内上体育课时严禁大声喧哗，以免对其他学生上课产生影响。随身携带的物品应放在适当的地方，不得悬挂在体育器械上，如衣物和饰品等。

（8）体育场馆内严禁用脚踢球，以避免对馆内人员和器械造成伤害。

（9）在体育场馆内严禁随地吐痰、乱扔果皮纸屑，要养成随手带走垃圾，或者扔入垃圾桶的好习惯，以保持体育场馆内良好的卫生情况。

（10）贵重物品一般不建议带入馆内，要随身携带也要妥善保管，丢失概不负责。校外单位使用学校体育运动场地，要事先向学校提出申请，经批准履行手续后才能使用，否则不允许进入体育场馆。

（12）如违反上述中的任一条例，工作人员要给予相应的处罚。

（三）体育教室的使用管理

1. 乒乓球室管理

乒乓球室是从事乒乓球运动的专用场地。针对乒乓球室制定的管理制度能够使师生乒乓球课和业余乒乓活动的正常使用得到有力的保证。具体的规定包含以下几个方面：

（1）进乒乓球室必须按规定着装，不许穿不适合乒乓球运动的鞋参加活动。

（2）不许用手和球拍敲打球台。

（3）乒乓球台和网架上不许堆放或悬挂衣物、帽子等物品。

（4）不许利用乒乓球进行赌博等非法活动。

（5）不许坐或站在球台上，或在室内任意攀爬、打闹。

（6）不许随地吐痰，乱扔果皮纸屑，保证室内清洁。

（7）遵守体育馆开放时间，到时自觉离馆。

（8）违反以上制度者需进行惩罚。

2. 武术教室管理

武术教室的使用可以供搏击运动（如武术、散打、跆拳道、拳击等运动项目）教学和训练使用，此类运动教室是从事武术运动的专用场所，针对武术教室制定的规定主要包括以下几点：

（1）未经许可，武术教室不得挪为他用。

（2）武术教室内的器材设备，未经许可不可擅自动用。

（3）不许随地吐痰，不许乱扔果皮纸屑，保证室内清洁。

（4）随身携带物品，不许挂在器械上。

（5）进武术教室活动必须按规定穿鞋，不许穿不适合武术运动的鞋。

（6）随身携带的贵重物品，请本人妥善保管好，丢失概不负责。

（7）请遵守体育馆开放时间，到时自觉离馆。

（8）违反以上有关条款，对相关人员做罚款处理。

3. 健身教室管理

健身教室是从事身体健美的教学场所。一般设备和器械都比较昂贵，器械繁多，也有一定危险性，因此，这就需要制定相应的制度，来保护健身教室及其中的设备、器材。针对健身教室制定的管理制度主要包含以下几个方面的内容：

（1）不得擅自做主、盲目蛮干，必须服从体育教师的指导。

（2）必须按要求正确使用健身器材，以使损坏器材、造成伤害事故得到有效避免。

（3）器械使用后不许乱放乱扔，要放回原处。

（4）随身携带物品请放在适当的地方，不许放在器械上。

（5）随身携带的贵重物品请自己妥善保管，丢失概不负责。

（6）不许随地吐痰，不许乱扔果皮纸屑，保证室内清洁。

（7）请遵守体育馆开放时间，闭馆自觉离开。

（8）违反以上任何一条，对有关人员视情况处理。

4. 健美操教室管理

健美操教室是进行健美操活动的专用场所，针对健美操教室制定的管理制度主要有以下几个方面的规定：

（1）未经允许，健美操教室不得挪为他用。

（2）不许破坏室内公共设施，损坏照价赔偿。

（3）进健美操教室运动不许大声喧哗，以免对其他人的活动产生影响。

（4）随身携带的物品请放在适当的地方，不许挂在器械上。

（5）不许随地吐痰，不许乱扔果皮、纸屑。

（6）进健美操教室活动必须按规定穿鞋，穿不适合进行健美操活动的鞋是不允许进入的。

（7）请遵守体育馆开放时间，到时自觉离馆。

（8）违反以上任何一条，对有关人员酌情处理。

5. 多媒体教室管理

多媒体教室是从事体育理论和体育欣赏课的室内教学场所，针对多媒体教室制定的管理制度主要有以下几个方面。

（1）进入多媒体教室上课要保证室内清洁、环境卫生，不得随地吐痰、乱扔果皮纸屑。

（2）进入多媒体教室上课的人员，未经允许，不得随意动用电教设备。

（3）使用多媒体教室需提前申请，并将使用时间明确下来，经批准后才能使用相关器材。

（4）在多媒体教室上课不得大声喧哗，以免对其他班上课产生影响。

（5）请爱护多媒体教室内公共设施，损坏要照价赔偿。

（6）多媒体教室应有专人管理，不允许其他人员随意进入。

（7）违反以上任何一条，对有关人员视情况处理。

四、体育场地的管理

（一）田径场管理

田径场是进行各种体育教学活动和举行大型运动会、体育休闲运动的场所。针对田径场制定的管理制度主要包含以下几个方面：

（1）田径场实行封闭式管理，进入田径场的人员，必须要服从场地管理人员的管理。

（2）需要使用田径场、足球场，应事先向学校提出申请，经批准并履行租用手续，交纳场租费方可进入。

（3）严禁在田径场内吸烟、乱扔果皮纸屑，保证场内良好的环境卫生情况。

（4）上体育课时间，非上课人员不得入内。

（5）严禁穿不适合田径场跑道和足球场草皮的鞋进场活动。

（6）每年都会有封坪育草阶段，任何人不得在封坪育草期间进入草地。

（7）课外活动时间，未经许可，不是本校师生不得入内。

（8）严禁一切车辆进入田径场，不听劝告违反规定者，罚款处理。

（二）室外运动场地管理

1. 煤渣场地的管理

（1）鉴于煤渣场地的特殊性，因此应尽量使其表面保持在一个适宜的湿度上。经过实践认定，该湿度一般应保持在30%左右较为适宜。

（2）场地表面应保持适宜的硬度。场地硬度较大，使用次数也最多，因此，为防止场地快速硬化，可常翻修场地。

（3）及时铲除场地上的杂草，雨季更应加强除草工作。有条件的场地周围应种上树木，净化空气，防风尘，保护地面。

（4）及时清除场地内沿边的积土，以免影响场地的正常使用。

（5）及时修整场地、平整场地、喷水、压实。

（6）严禁在场地上行驶包括自行车在内的各种车辆。

2. 水泥场地的管理

（1）水泥场地上的砂、石、泥土和污物要及时清扫，保持整洁。

（2）雨季应及时清除积水，冬季应及时清除冰雪。

（3）做好水泥场地的填充或铲除填缝料工作。保持接缝完好，表面平顺。当地气温最低时对较大接缝空隙进行灌缝填料。当气温上升填缝料挤出缝口时，应适当铲除并设法防止砂、石挤进缝内。

3. 木质场地的管理

（1）未经允许，任何单位和个人均不得进入场地内训练或活动。

（2）未经允许，场内固定器材不得移动。

（3）禁止在木质场地内进食、饮水。

（4）禁止在场内吸烟、吐痰和泼水。

（5）禁止在场内开展其他激烈的现类运动和竞赛运动，如踢足球、投掷、拖拉重器械。在收拾器材时要轻拿轻放，将物体搬起移动。

4. 塑胶场地的管理

（1）合理使用塑胶场地，只允许场地所承担的专项训练和比赛使用。

（2）当场地遇水且需要急用时，应尽快对有水地区进行擦拭及干燥处理。

（3）禁止机动车辆在上面行驶，以防滴油腐蚀胶面。

（4）禁止携带易爆、易燃和腐蚀性物品进入塑胶场地。

（5）禁止在场地吸烟和吐痰。

（6）禁止在塑胶场地上使用杠铃、哑铃、铅球、铁饼、标枪等器材，以免剧烈的机械性冲击和摩擦使场地的弹性减弱和变形。

（7）发令枪要妥善保管，以免走火损坏场地。

（8）进入场地者必然穿运动鞋。跑鞋鞋钉不得超过9毫米，跳鞋鞋钉不得超过12毫米。

（9）塑胶跑道上的标志线要保持清晰醒目，模糊后及时喷塑胶液，重新描画。

（10）做好塑胶跑道的清洗工作。一般来说，应每季度大洗刷一次，比赛前后也要冲洗。

（11）做好塑胶跑道的修补工作。

5. 草坪场地的管理

（1）严格遵守草坪场地使用规定，爱护草坪和场内设施，保持场内卫生。

（2）禁止机动车辆进入草坪。

（3）田径运动的掷标枪、铁饼和推铅球等项目，只在比赛时使用草坪地，训练时尽量不使用或少使用。

（4）根据季节和草的生长情况合理使用草坪场地，以华北地区为例，每年12月至次年4月为草坪保养期，一般不安排使用；5、9、10、11月可两天使用一次；6、7、8月可每天使用。南方草坪场地可全年使用。

（5）做好草坪场地的越冬管理。越冬前，进行一年之中的最后一次修剪；早春草坪懒叶返青前，进行一次滚压；返青后应及时浇水。

五、体育器材的管理

（一）体育器材的购置管理

在各级学校中，特别是在高等院校中由于平时开展的体育教学活动较多，种类也更加丰富，随之而来的便是要配备更全面的体育器材。也就是说，这些器材中的绝大多数都要通过购买的形式获得（也有一些器材会通过接受馈赠的途径获得）。体育器材设备的质量将直接影响体育教学效果，甚至还关乎教学过程中的教学主体的安全。因此，在购置器材设备时，要经过细致考评和研究，选择国家正规的体育器材生产厂商的产品，购买器材事物要指派专人全程跟踪完成，以求对购买的体育产品做到严格把关。

体育器材的购置应结合一些国际单项协会对比赛器材设备上制造厂商的名称、标记或商标的字号、高度等的严格规定，按比赛规则的要求购置体育器材，购置过程中，应对体育器材认真挑选，看其是否符合比赛规则中的有关规定，以免影响比赛、造成资源浪费。

（二）体育器材的入库管理

一般来说，在体育器材购入后，应将其分门别类地入库存放。由于体育器材的质地和用途不同，因此要对某些器材予以特殊照顾，如木质器材和电子器材需要放置在干燥地区；金属器材不要放置在高处；常用到的器材尽量放置在离门不远的位置上；还有诸如球拍和球类最好放置在专门的保管柜中。

第三节 体育教学财力资源管理

一、体育教学财力资源概述

体育教学财力资源，从狭义上来讲，就是我们所说的体育资金。体育资金是体育事业得以顺利发展的必要条件，是体育经济学研究的重要课题。

（一）体育资金的含义

资金是国民经济中物质的货币表现。根据不同的标准，可以将其形式分为很多种。比如，以分配形式为依据，可以将资金分为财政资金和信贷资金；以用途为主要依据，可以将资金分为建设资金、生产经营活动资金和其他用途的资金。而表现在体育领域内，专门用于发展体育事业的人力和物力的货币表现。就是所谓的体育资金。根据不同的标准，可以对体育资金进行不同的划分，即其具有多种不同的形式，其中，最主要的形式有以下两种。

（1）根据体育资金使用性质为依据。可将体育资金分为体育事业投资和体育基本建设投资。

（2）根据体育资金的使用去向为依据，可以将体育资金分为群众体育投资、竞技体育投资和体育教育科研投资。

（二）体育资金的特点

体育资金同一般资金有着相同的地方，但同时其也有着自己的特色，具体来说，其显著特点主要表现在以下几个方面。

1. 政策性特点

一般来讲，体育资金的来源、分配和使用都按国家体育产业发展的相关政策进行，这就是体育资金的政策性特点。目前，我国体育事业的发展非常迅猛。体育投资逐步被纳入了国民经济和社会发展计划中，国家下拨的体育经费、职能部门的专项拨款等都与国家政策性的指导有着非常密切的关系。

2. 多样性特点

世界各国体育资金的来源主要有三种，即"拨款型"、"筹款型"和"结合型"，这三种资金来源的特色和优缺点有一定的差别。就当前情况来说，所占比重较大的是"筹款型"和"结合型"，"拨款型"比例相对较小。

3. 效益性特点

体育资金的使用（不管是否合理）能产生一定的社会效益和经济效益。体育资金在投入体育市场以后，能够对竞技体育的快速发展起到积极的促进作用。同时，还能够对整个体育产业和国民经济的发展起到一定的推动作用。

4. 增长性特点

在当前的市场经济条件下，各国都对体育的投资较为重视，每年各国的体育资金都在快速的增长，特别是经济发达国家和地区。我国对体育的财政拨款也呈逐年增加的趋势。在国家财政拨款保持稳定和增加的基础上，社会集资、企业赞助等也有所上升，体育资金总址增长迅速。这就充分体现出了体育资金增长性的显著特点。

5. 不充足性特点

随着我国体育事业的快速发展，竞技体育、群众体育和体育科研等都有着较大程度的发展，因此，这些方面的经费开支也越来越大，并且出现体育资金不足的情况。

具体来说，主要体现在以下几个方面。

（1）体育基础设施建设资金较为缺乏。资金的投入较为缺乏，往往导致我国高校体育基础设施建设不完善。

（2）体育科研经费紧缺，这已成为一个对我国体育科技进一步发展产生重要影响的因素。

（3）群众体育活动经费少。尽管我国的体育事业有着较为迅速的发展，群众体育也有了明显的进步与发展，但相对来说某些地方的群众体育活动还是开展得较少，而体育活动资金的投入较少是导致这一问题的主要原因。

二、体育经费管理的过程

（一）体育经费的预算

按年度对体育教育的各项经费进行收支预算，就是所谓的高校体育经费的预算。高校体育经费的预算是有一定依据的，具体包括以下几个方面。

（1）国家和学校的有关财政法规制度。

（2）当年度学校经费预算的指导思想。

（3）上年度收支指标完成情况分析和决算财务分析。

（4）学校对经费预算的内容要求。

（5）本年度开展学校体育工作所需要的经费预测或者与上年度相比主要增减项目。

（6）本年度学校体育自我创收经费估计。

（7）熟悉预算科目和预算表格。

体育教学部（室）在对体育经费的使用管理方面，应当在遵循勤俭节约原则的基础上，以财务管理的规定和权限为主要依据，履行相应的报批手续，严格执行国家和学校制定的财务制度与经费使用办法。

（二）体育经费的收入

要想支出必须首先拥有收入。在过往的很长一段时间内，由于社会发展所限，学校中的体育经费基本上由校方甚至是上级教育部门决定，体育教育过着"有饭吃饭，无饭喝风"的状态，当然这里所谓的"喝风"并不是终止体育教育，而是指只能凭借已有的场地或器材进行教学活动，如果器材因破旧损坏，也不能及时修整和更换，教学只能对所需器材进行统筹调配。这样一来，教学还可以勉强开展，但实际质量不可避免地会出现下降。社会发展后，特别是我国提倡全民健身的运动理念，再加上市场经济制度下人们"自我造血"意识的萌生，使得学校也可以采取一些市场方式获得收入，用以弥补体育经费的不足。

高校体育经费的收入渠道有很多，其中，最主要的有事业拨款、学校筹措、社会集资和自行创收等几个方面。具体如下。

1. 事业拨款

从教育行政部门按学生人数下拨的教育事业经费中用于体育的比例部分，就是所谓的事业拨款。这一来源是高校体育经费中最主要的部分。事业拨款的用途主要有三个方面：第一，维持正常高校体育工作开展的体育维持费；第二，用于购置大型体育设备所用的体育设备费；第三，高校体育场馆建设专项经费等。

2. 学校筹措

学校筹措是指高校内部在创收、校办产业等方面的收入。这部分资金的用途主要是体育教师的奖福经费、课时酬金补贴等。

3. 社会集资

学校或体育教学部（室）通过举办重大比赛、参加重大比赛以及体育场馆建设等向社会各界募集得到的赞助费，就是所谓的社会集资。

4. 自行创收

由体育教学部（室）通过合法的手段向师生和社会人员提供有偿服务而获得的收入，就是所谓的自行创收。

（三）体育经费的支出

在体育教学中，需要进行经费投入的方面有很多，其中较为重要的有以下几个方面。

（1）日常费用：主要用于课外群体活动、运动队训练与比赛、图书资料的添置、正常体育教学的维持、场地器材维护等。

（2）器材设备费用：主要用于购买一些大型的器材设备。

（3）专项建设费用：主要用于体育场馆的建设。

（4）办公费用：主要用于体育教学管理机构的日常办公。

（5）其他费用：用于高校体育教师和行政后勤人员的酬金补贴和后勤经费。

三、体育经费管理的内容

（一）体育活动经费管理

体育活动经费的主要目的是通过丰富多彩的体育活动的开展，使学生的身体锻炼得到保证。体育管理者要遵循群体活动经费的使用规律，把每一分钱都用在学生的身上。高校体育活动经费主要涉及以下几个方面，因此，经费管理也应从这几个方面入手。

1. 校内各项竞赛

学校每开展一项体育比赛，就会涉及许多具体的方面。比如，最主要的几个方面有组织编排费、裁判劳务费、添置器材、奖品费等。缺少任何一项都有可能会对竞赛的顺利进行产生影响。

（1）组织编排费

负责编排的教师组织制定竞赛规程、召集有关人员开会布置工作、培训裁判（理论学习与实习）、编排竞赛日程、准备裁判器材、安排裁判和比赛队、准备奖品等各种竞赛事项所得的报酬，就是所谓的组织编排费。

（2）裁判劳务费

裁判劳务费要以各校情况自己制定的标准为依据来确定，而且要注意教师和学生是有区别的。教师可以折算成课时，或用其他方式，应以培养学生的组织裁判能力为主，适当的经济补贴为辅。

（3）添置器材费

通常情况下，添置器材的费用会在年度体育器材预算中得到体现，如出现事先无法预料的事情，需要临时添置，要动用机动费用。

（4）奖品费

高校体育竞赛奖品费与职业体育竞赛是有一定差别的，具体来说，高校体育竞赛奖品费主要以鼓励学生为主，经济奖励为辅；集体荣誉为先，个人荣誉在后。因此，在分配奖励时，要重集体轻个人，注重集体名次的奖励，个人名次以发给荣誉证书为主，也可以发给少量奖金。

2. 学生体育协会活动

高校体育协会活动是通过学校的扶持、体育教师的指导、学生的积极参与进行的。高校体育协会活动是以学生缴纳入会费进行运作的，该组织的很多费用都是从入会费中开支。但是，学生缴纳的费用是很少的，不足以支撑活动的开展，因此，就需要从学校经费预算方面得到支持。在活动中，需要开支的费用主要有以下几个方面。

（1）教师指导费

体育教师对学生单项体育协会进行科学的指导，是该项活动长期稳定开展下去的关键。因此，这就要求必须对教师指导设置专门的酬费或者计入第二课堂课酬。

（2）添置器材费

通常情况下，学生单项体育协会活动所使用的器材都是与体育课堂教学器材共用的，但是，对一些较为特殊的单项体育协会来说，这是远远不够的，如成立拳击、划艇、棋牌等体育课难以开设的协会就需要专门添置器材，因此，需要将这笔费用列入学校经费预算中。

（3）外出比赛费用

单项学生体育协会成立的主要目的是使在校广大学生的兴趣得到满足，能够广泛开展校际之间的体育交流等。但是，如果外出进行比赛，就会有一些费用开支，比较重要的有交通费、餐务费等。这些费用靠学生缴纳的费用是远远不够的，因此，需要列入年度预算中。

（4）内部比赛费用

学生单项体育协会除了平时自己组织练习外，还可以开展协会内部的竞赛活动，开展活动就需要增加一些奖励费用。因此，要保证比赛的顺利进行，就需要将这部分费用列入学校预算中。

3. 组织学生体育郊游

随着体育课程改革的不断进步，体育课程的开展已经不仅仅局限于校内。校外（社会、野外）活动逐渐成为体育课程结构的一部分，这不仅使体育教学的领域得到了进一步的扩展，同时，也增加了经费开支。要使这项活动有计划地进行，就需要有充足的资金支持，比较重要的费用包括交通费、门票费、餐务费、体育器材费等。

（二）体育器材经费管理

体育器材可以分为不同的种类，比较常见的有大型的固定资产和小型的消耗品。其中，大型器材通常不会经常购置，只有小型消耗品需要每年添置。加强对各项体育经费的管理，将体育器材的使用效率处理好，使体育器材成本得到有效降低，从而使体育器材经费发挥高效率的作用。通常情况下，对体育器材经费的管理主要从以下几个方面入手。

1. 科学制定采购器材预算

学校对体育器材的采购预算主要应包括以下几个方面。

（1）每年体育器材消耗费用的预算：一般来说，学校每年体育器材的消耗费用一般是固定的，如篮球、排球、足球、羽毛球等，每年在球和球拍的使用上消耗比较大。这笔费用是每年采购预算必列项目。

（2）第二年增减项目的器材费用的预算：学校第二年增减项目器材费用一般是应对改革需要和特殊情况处理对器材购置做调整而准备的。

（3）体育教师工作服采购费用的预算：这项费用由于数额不多，因此常常被忽视。首先应说明的一点是，这是对体育教师工作的尊重和支持。当然在实际采购中需要根据学校的具体情况实施。这部分采购费用可以由校方负责，也可以体育教师的特殊补贴的方式进行。但不管选择哪种形式，这部分资金必须要纳入年度采购的预算项目内。

（4）机动费用的预算：由于学校每年的器材采购经费都会有一定的增减，因此，留有一部分机动费以备不时之需是十分必要的。

2. 提高采购行为的规范化

每年高校体育器材的采购是一笔不小的开支，采购的质员和渠道对高校有限的体育经费是否能够充分发挥作用会产生非常重要的影响。鉴于此，就要求要将这些经济交往中的不正常行为杜绝掉，并且买到物美价廉的产品，增加采购透明度，提高采购行为的规范性。

3. 最大限度减耗增效

为了降低采购体育器材的经费，要充分发挥体育器材的作用，把其损耗降到最低。但是，不可否认的是，只要器材使用就肯定会有损耗，因此，这就要求一定要在管理方面加大力度，建立健全的体育器材管理制度。规范器材管理，使不必要的损失尽可能地减少，同时，还要使学校体育器材采购的开支有进一步的减少。

（三）体育场馆经费管理

1. 体育场馆经费的开支分类

（1）按性质分类：可将体育场馆的经费支出分为营业成本和期间经费两大类。学校体育场馆的期间经费主要包括管理经费、财务经费和营业经费（日常支出及损耗）。

（2）按项目分类：可以将体育场馆开展各项专业业务活动及其辅助活动发生的实际支出分为以下几种，即工资（雇用管理人员产生的经费）、公务费、设备购置费和维修费等。

（3）按时间分类：可将体育场馆的经费支出分为三种，即体育场馆为取得营业收入直接发生的直接经费，有助于当期营业收入的实现或为数细微、不值得在各期间分摊的期间经费，效用在一个会计期间以上的跨期经费。

2. 体育场馆经费的监控管理

为了能将运行体育场馆的经费落到实处，必须有专人对资金的使用和流动方向进行严密地监管。尽管监管可能会让执行人有不被信任的感觉。单从制度上来说监管仍旧必要，其根本目的在于有利于体育场馆的各方面正常运行，因此就要求这种监管要系统全面、精打细算、勤俭节约。具体来说，体育场馆经费的监控管理主要包括两个方面。

（1）出纳员的监控管理：出纳员是体育场馆的经费开支控制管理的一个重要岗位。在实际的工作中，出纳员除了要严格遵守《会计法》《会计基础工作规范》等财会法规外，还要遵守各场馆所制定的经费支出细则，严格审核支出凭证是否与会计部门制定的内容相符、是否与会计部门制定的金额相符、是否与领款人的印鉴相符，如有疑问应先查询确认后才可支付。

（2）经费开支的监控管理：根据本校体育场馆的运营情况制订月计划、季度计划或年度计划；制定体育场馆经费开支标准。

3. 体育场馆的收入核算

（1）单体项目营业收入核算：单体项目是指独立经营的单个项目，如健身房、台球厅、篮球馆等。每日每班营业结束时，收款员填写营业报表，最终完成当天当班的营业收入核算。

（2）营业收入结构核算：营业收入结构核算指在一定时期（月、季、年）的单项收入或分类收入占分类或部门营业收入的比率。在单体项目和分类项目营业收入及部门收入核算的基础上进行分类汇总，最终完成部门营业收入结构核算。

（3）营业收入季节比率核算：营业收入季节比率核算是指体育经营项目的月季营业收入占全年总收入的比率。该核算方法有利于分析各个体育健身项目业务经营的季节变化，为体育场馆的计划编制、工作安排、客源市场开发和客源组织提供参考依据。

4. 体育场馆的利润核算

体育场馆在一定期间的各体育经营项目的收入与各项费用支出相抵后形成的经营成果即为利润。

（四）体育竞赛经费管理

高校体育代表队进行校外大型比赛的经费开支，就是所谓的高校体育竞赛经费。高校体育竞赛经费可以执行专款专用的模式，也可把经费细划。这些竞赛往往会对整个学校的荣誉产生较大的影响，因此，这就要求一定要加大这方面的管理力度。具体来说，高校体育竞赛经费主要包括以下几个方面的内容，因此，也要从以下几个方面入手进行体育竞赛经费的管理。

1. 教练员训练课酬

教练员训练课酬与其他公共课有一定的差异，究其原因，主要是竞赛需要教练员全身心投入，还要以每个成员的情况为主要依据。随时对训练计划进行适当的调整。比如，不光要抓运动员的训练，抓文化学习。还要抓思想作风，抓生活，抓招生（体育特长生），外出比赛还需要联系交通车，比赛回来要解决运动员的洗澡、吃饭、住宿问题，还要随时掌握竞争对手的情况等，这些需要耗费很大的精力。因此，为了能够让教练员集中精力将训练和竞赛搞好，高校应该在这方面有一定的倾斜政策。

2. 运动员训练补助

体育竞赛经费的一项或要开支就是运动员训练补助。运动员的训练与学生体育协会的活动是有一定差别的，他们是为学校争得荣誉，训练需要消耗体力，要有营养补充，而对于学生体育协会的学生来说，是不需要这笔费用的。要以运动员的等级、贡献的大小、技术水平的高度等要素来决定这些补助。

3. 训练竞赛器材费用

训练竞赛的进行就需要配备专门的体育器材，要与实战要求相近，在规格方面，可以高于实战的规格，但不能比实战规格低。究其原因，主要是体育器材的质量和档次会对比赛产生直接的影响。

4. 运动员比赛服装费用

通常情况下，要求运动员的比赛服装每年在大赛前添置一套，配置两短一长一双鞋，也可以本校情况和需要增加相应的配置。这方面的经费要根据市场价格来确定，并且要求服装要与竞赛规则相符，同时还要具有实用、美观、耐久等特性。

5. 校外竞赛费用

校代表队进行校外竞赛时，距离的远近往往在很大程度上决定着花费的多少。一般来说，在近距离时需要交通车，远距离需要交通费，甚至需要住宿费、餐务费等。这些都需要在年度预算中列出。

6. 比赛奖励

校代表队在正式比赛中取得好成绩，理应进行奖励。奖励不仅能够使运动员的士气得到有效的鼓舞，同时，还能够利用重奖作为招生的有利条件，将高水平队员吸引到本校就读，这对于体育人才的引进也是非常有利的。

一般情况下，是要按照级别、名次进行奖励的。不同级别的比赛及获取不同的名次，获得的奖励也是不同的。通常来说，省一级比赛取得前六名就应有奖励。这些也都需要一定的经费支持。除此之外，奖励也是学校代表队可持续发展的一项重要措施。

（五）体育教研经费管理

现代体育教学的科学化管理离不开科学理论指导，因此，在现代体育教学资源的管理实践中，也需要一定的科学理论做指导，因此，科研经费是现代体育教学财力资源管理的一个重要内容。

现阶段，高校体育教研经费主要包括以下几个方面内容，而管理也应从以下几个方面入手。

1. 科研成果鉴定费用

在体育科研项目中，为了鉴定科研成果，必须邀请有关专家来做评估和调研。因此，也应该将这一项费用列入年度经费预算。

2. 科学研讨交流费用

体育教师进行体育科学研究要发表论文，论文发表后就可能被邀请参加各级体育科研论文报告会，因此，这就成为每年的年度经费预算中不可缺少的一个重要部分。

3. 考察观摩学习费用

要想促进本校体育资源管理的科学化，必须解放思想、善于学习，重视对其他学校和国家先进管理经验的学习与引进。因此，每年的体育经费预算中就需要列入外出考察的费用。通过外出考察、观摩和学习，能够充分理解上级的指示，能够统观全局，找到适合本校的改革方案，可促进本校的体育教学及其管理活动的不断完善和科学化发展。

第五章　高校体育教学模式的探索

第一节　快乐体育教学模式

随着时代进步，学校的教学方式一直在变化着，目的就是满足大家的需求。各个学校中体育教学越来越受到关注，其中的快乐体育逐渐引起人们的注意。快乐体育教学模式更加关注学生的感受，不似传统教学那么枯燥乏味，它具有更多的趣味性，能够调动同学们进行体育活动的积极性。

一、传统的体育教学模式

传统的体育教学主要分为两类：一是普通锻炼身体的体育教学模式；二是竞技式的体育教学模式。普通锻炼身体的体育教学模式只是强调学生在肢体上的活动，满足于身体的简单运动，很多的体育课程便是这样；竞技式的体育教学模式对学员的要求比较严格，其目的主要是比赛，像运动会、足球赛、篮球赛之类的。这两种体育教学方式只是关注身体上的活动，对学员在体育活动时的心理则没有进行疏导教育。

二、快乐体育教学模式

（一）快乐体育教学模式的概念

快乐体育教学模式指的是在以运动为基础的前提下，教学人员采用适宜的教学方法，一方面增加学生的体能；另一方面使学生从体育学习中得到快乐的体育教学模式。其指导思想是让学生在教学过程中，不仅能够学习运动技能、锻炼身体，还能够充分感受到快乐，进而培养学生进行体育实践的意识。

快乐体育教学中，一般会采用将游戏、比赛掺杂在教学工作中，采用初步体验—

挑战学习—创造乐趣的模式进行，它没有固定的教学方式，经常会随着教学人员和学生的改变而有所不同，但其最终目的都是相同的，就是让学生快乐地进行体育实践，实现身心的全方位锻炼。人民是国家的根本，国民身体素质对国家的发展至关重要，只有国民身体素质过关，才能投身于祖国的建设中，而快乐体育就是让人民快乐、主动地进行体育实践，所以说快乐体育在我国社会主义建设中不可缺少。

（二）快乐体育教学模式的起源

我国的体育教学模式不断进行改进，快乐体育思想也逐渐影响国人，体育教育工作者经过不懈的理论研究与实践探索，已经建立自己的教学模式，由以前的以教学人员为主体的体育教学变成了现在以学生为主题的体育教学模式。当前快乐体育教学模式在各地学校掀起了热潮，不仅反映了传统体育教学体制与方式的改革，也是我国对体育锻炼重新认识的反映。快乐体育出现的根本目的在于，在体育教学过程中通过启发学生的主观能动性，调动学生主动进行体育实践的积极性，使学生能够快乐地进行体育实践，并形成锻炼的思想。

（三）快乐体育教学模式的特征

快乐体育教学相对于传统的体育教学模式有其独有的特征，它有一套完整的思想体系对体育教学工作进行指导。在开展情感教学的基础上，对学生进行人格教育、身体教育，关注运动给学生带来的乐趣，充分激发学生的积极性。

1. 全面加强的素质教育

进行快乐体育教育有助于学生各方面的发展。首先，快乐体育教学方式的实施不会单使学生进行体育锻炼，它会让学生在快乐中进行体育锻炼，体会到运动的乐趣；其次，快乐体育教学模式能够帮助学生在体育锻炼中开发智力，形成一种体育能力；最后，有助于全方面地培养学生的素质，如审美能力、道德品质、个性发展等。

2. 主观能动性的培养

在快乐体育教学中，真正的主体不是教学人员，而是学生；学生还是体育教学工作服务的对象，所以应当充分尊重学生的主体地位。传统的体育教学模式比较机械，忽视了学生的主观能动性，他们一直处于被动接受的地位。每个学生都有自己的思想，但在传统的体育教学模式中他们经常会处于一种压抑的状态，即使自己有新想法、新思想，一般也不会受到鼓励和支持，长此以往，他们会变得消极，丧失探索新事物的好奇心。而如今的快乐体育教学会让学生在一种令人愉悦的气氛中进行学习，有助于学生主观能动性发挥以及思维开发。此外，快乐体育教学相对来说比较灵活，不会让所有学生都朝着一个目标发展，教学工作人员会根据每个学生的特点及长处因材施教，使每个学生在进行体育锻炼的时候达到自身的满足点，在全面培养基本素质的前提下使学生的个性得到发展。

3. 主动积极的学习

主动积极的学习是要调动学生学习的积极性，从厌学转变成乐学，这也是快乐体育教学的目标之一。主动与被动有着本质的区别，当你被动接受某件事时，心情会非常糟糕，感到压抑；当你主动接受某件事时，你会感到很愉悦。快乐体育教学就拥有这种魅力，它从根源上发掘快乐，由被动变主动，充分调动学生主动学习的积极性。快乐体育教学模式只是教学中的一项，由快乐体育教学可以推广到其他课程的教学工作，只有学生主动积极学习，才会让受教育这一过程变得快乐。

4. 相辅相成的教学

体育教学与其他学科的教学是相辅相成的。快乐体育教学有助于学生拥有健康的身心，有助于他们进行其他知识的学习。快乐体育教学主要以体育课堂为主，课间操以及课外其他体育活动为辅，当从体育活动中获得快乐之后，会更加高兴地接受其他课程的学习。

三、快乐体育教学模式构建及实施策略

（一）实施快乐体育教学模式的原则

快乐体育教学是现阶段教学工作中必不可少的，其实施过程需要遵循以下几点原则：①教育性：体育教育、思想教育是快乐体育教学的主要目标之一。②趣味性：快乐体育教学与传统体育教学的不同就是在快乐中进行体育学习，让同学们感受到体育活动的益处。③激励性：在体育教学中，激发学生主动学习的兴趣，促进个性发展。

④实效性：快乐体育的初期目标是培养学生良好的学习习惯，终极目标则是终生体育实践。

（二）快乐体育教学模式的实施策略

1. 强调快乐体育的重要性

在传统观念中，体育课只是起到锻炼身体的目的，甚至个别教师认为体育课应该进行缩减，学生应该把重点放在文化课学习上。所以想要真正实施快乐体育教学模式使其发挥作用需要做到以下几点：首先，在学校里先对所有教师进行培训，让教师先意识到快乐体育的重要性；其次，学校的管理人员在课程设置上需要有所调整，由原来的每周一节体育课改成每周两节体育课；再次，对体育教学工作人员进行严格筛查，招聘专业的体育人员，对他们的各方面素质进行考核，使其在体育教学工作中发挥积极引导作用；最后，举办运动会，将快乐体育思想融合其中，积极鼓励学生参加。

2. 强调快乐体育教学工作中的主体

传统的体育教学模式过分强调教师在教学过程中的主导地位，学生只是处于被动接受的位置，这会导致学生丧失学习的主动性、积极性，一旦学习兴趣丧失就会导致学习效率下降。而快乐体育教学与传统教学最大的不同就是弱化了教学人员的地位，强化了学生在教学工作中的主体地位。只有受教育的对象能够从思想上、行动上接受某种教学模式，从中体会到获得知识的快乐，教学人员的工作才能事半功倍，否则就是浪费时间、浪费资源。并且，每个学生进行体育学习的基础、目标以及学习方式均是不同的，教学工作人员只有根据学生的实际情况和需求因材施教，鼓励并引导学生，才能取得良好的教学效果。

3. 建立和谐的师生关系

体育教学是一个复杂的活动，它要求在教学工作中，老师不仅要培养学生的身体素质，还要对学生的思想进行引导。传统的体育教学中，老师占主体地位，在教学工作中发挥着关键作用，学生对老师除了敬畏外，甚至会有害怕的心理产生。而快乐体育教学则强调在教学工作中和谐的师生关系是关键。和谐师生关系的建立是快乐体育教学的关键一步。首先，体育老师应该用自己良好的思想品德、高超的运动技巧、诙谐有趣的教学风格影响学生。其次，在快乐体育教学中，老师还需与学生建立一种亦师亦友的关系，让学生在课堂教育中感到轻松，真正做到在快乐中学习。最后，在课堂实践中，体育老师应该参与到学生中，形成有效的师生互动；还需根据不同学生的性格特点进行个性化教育，鼓励学生有自己的想法，激发他们学习体育的兴趣，有助于进行终生体育实践活动。

4. 有组织地进行体育教学工作

快乐体育教学的主要目的是以运动为基础，让学生逐渐认识运动、爱上运动、终生运动。这就要求体育教师进行合理安排。首先，充分利用每节体育课，结合同学们关注的重点，增强学生对体育运动的认识；其次，通过在课堂上组织有趣味的体育游戏，激发学生对体育运动的兴趣，在游戏中进行体育锻炼；最后，在运动技能的学习过程中，要顾虑到学生的情绪，做好引导工作，多鼓励少批评，让他们感受运动的快乐。

5. 发掘学生个性

传统的体育教学模式过度关注运动对学生身体素质的改善情况，而快乐教学模式除此之外，还能够因材施教促进学生的个性发展，帮助学生挖掘某项运动的潜能。快乐体育的教学模式能够培养学生的独立创造能力，丰富精神生活，促进全面发展。

传统的体育教学模式单一、枯燥乏味，而快乐体育教学模式则是以学生为主体，从情感教学入手对学生进行身体素质教育和人格教育，师生关系传统的教与学变成了亲密的朋友关系，课堂生活变得更有意思。快乐体育教学不仅能够让学生学习运动技能、提高身体素质，还能够感受到快乐，激发学生的积极性，它独特的优势决定了快乐体育的教学模式必将受到更多关注。

第二节 合作学习体育教学模式

《义务教育体育与健康课程标准》的基本理念是强调以学生发展为中心，使学生学会学习，关注不同地区差异和学生个体差异，保证每一位学生成为教育的受益者，而针对课程的目标设计要能促进学生的心理健康和社会适应能力，必须对固有的体育教学模式进行创新，而在体育教学中进行合作学习模式，能较为突出学生在体育学习过程中的主体地位，促进学生的主动学习。加强学生在体育学习过程中的人际交往，促使学生在身体锻炼、情感交流和社会适应意识等多角度共同发展。可见，合作学习是我国教育改革所倡导的教学方式之一，作为学校教育重要组成部分的体育教学，应根据自身的学科特点积极探讨如何将合作学习理论应用于体育教学中。

一、体育合作学习的功能与模式

体育合作教学模式的组织多选用异质分组的形式，同时注重组间平衡从而提高教学效率。根据教学目标选择适宜的分组条件进行分组是提高小群体体育教学质量的重要一环。小群体的组长是组织小群体体育教学的关键。

二、体育合作学习教学模式的基本要求

（一）合作学习教学分组

体育合作学习的教学分组主要以组间同质及组内异质进行。组间同质是指各组组间的学生水平基本一致，保持均衡；组内异质是指各组组内成员各方面之间都有一定的差异，主要包括学生性别差异、学生学习成绩差异、学生特长差异、学生体育技能水平差异等方面。同时体育合作学习的分组还要考虑学生的兴趣、意愿等方面。

（二）教学中的教师任务

教师课前在充分了解学生水平的基础上要根据具体教学内容设计相应的教学方法及教学任务，在体育教学过程中进行主导性讲授并对学生进行合作学习指导。

（三）教学中的学生任务

在体育教学过程中学生应根据教师布置的教学任务及要求以合作学习小组为基本单位充分发挥主观能动性，采用多种途径，通过集体合作来完成。

（四）体育课的开始部分

为提高学生讲解、组织、示范等能力以体育合作学习小组为单位让学生轮流带领其他同学做准备活动。

（五）集体讲授课

教师根据不同的教学内容合理安排集体讲授和分组合作学习的时间比例，讲解过程要突出重点、简单明了、注重效率。

（六）合作学习小组的课堂活动

教师在学生进行合作学习之前要向学生讲明以下几个方面：只有合作学习小组的全部学生都完成了教学任务，整个小组的教学任务才算完成。合作学习小组的同学要互相监督，检查同伴完成教学任务的情况，确保都能完成教学任务；教师在学生进行合作学习时要进行巡视、观察、记录并适当进行指导等工作。

（七）测试与反馈

学生在完成教学任务后要进行独立性测试或者进行合作学习小组间的竞赛。教师根据测试或者竞赛的结果进行评价、总结，使学生认识到自己的不足以便今后改正提高。

（八）课后任务

根据教学目标、教学要求合理布置课后复习、预习任务及作业。

三、体育合作学习教学模式在体育教学中的应用

（一）学生自学

体育合作学习的前提是学生个体学习练习所学动作技能，体育教师要根据不同的教学内容、教学任务、学生水平等方面制定相应的教学目标，要突出教学的重点难点，要求学生根据教师设计的技能学习流程以及个人所创造的新颖动作进行自学、自练并根据个人特点选择场地器材。

（二）小组讨论

学生完成自学后教师要组织学生小组内讨论，让学生体验成功的喜悦。讨论的时间要根据教学内容及教学难度进行确定，不要太长。在小组合作学习完成后，还可以进行组间交流，教师可以根据学生的交流结果进行总结、补充并适当进行讲评。

（三）学生自主练习

在学生自学、小组讨论交流以及教师讲评后学生再进一步练习提高技术技能以期取得最佳的学习效果。

（四）学生技能展示

学生在完成动作技能学习、练习后每一个小组可以选一个代表在全体成员面前展示学习成果。

（五）综合评价

在体育合作学习小组学习结束后体育教师要及时进行综合评价，综合评价的重点包括合作学习小组的活动内容及合作学习质量，教师还可以对每个合作小组的体育技能掌握情况进行评价，激发学生学习的热情，为今后合作学习顺利进行打下基础。

四、体育合作学习教学模式的评价

体育合作学习教学模式的评价包括体育教师对合作学习小组学生的评价及合作学习小组学生之间的互相评价两个方面，同时还强调对体育教学过程中教学阶段目标的评价，强调对学生掌握完整技术动作情况的评价，强调体育教学过程中对合作学习小组学习情况的总结性评价。通过教学评价以及及时的体育教学反馈信息，可以使教师认识到体育教学过程中的不足，以便进一步改进教学方法，调整教学内容及目标，学生也可以认识到学习过程中的不足，通过相互学习、合作学习提高学习兴趣获得最佳的学习效果。

第三节 俱乐部体育教学模式

高校体育俱乐部课程教学模式研究课题，主要建立于体育教学部、体育俱乐部课程教学改革的基础上，形成高效体育俱乐部课程教学模式，主要包括三个方面的内容，即高校体育俱乐部课程特有的教学指导思想、高校体育俱乐部课程稳定的教学过程结构、高校体育俱乐部课程创新的教学方法体系。

该研究将高校体育俱乐部课程模式包含的三个方面的内容与教学实际相结合，探索体育俱乐部课程特有的教学模式，为更好地提高高校体育教学质量提供更多的手段和参考，让参与体育运动的学生能够喜欢一个项目，投入精力提高技战术水平，成为优秀的大学生运动员或者将俱乐部运动项目作为终身爱好，最终通过喜欢的体育运动项目，养成主动参与、终身锻炼的习惯。

一、高校体育俱乐部课程特有的教学指导思想

（一）"学中练，练中赛"的教学指导思想

传统高校体育教学中，缺少教学动态过程中的变化性和针对性，显得刻板固化。而体育俱乐部课程教学更加多元化，体现在教学指导思想、教学手段和教学评价等方面。体育俱乐部教学会根据学生主体在学习技能的不同阶段提出不同的教学指导思想，帮助学生把握学习方向，领会学习技能要点。"学中练，练中赛"的教学指导思想目标明确，课堂教学实施简单有效，对体育俱乐部课程教学而言，其关键是学生体育技能的习得。学生在课堂上学习运动技能理论知识，通过教师示范学生模仿，反复练习掌握动作技能，并通过比赛来检验学习效果。学生在学习技能、练习技能和掌握技能的过程中，通过自身的练习和课堂、课后比赛来巩固技能并获得比赛成就感。

（二）"学技能，用技能"的教学指导思想

传统高校体育课程教学过程中，一般要求学生主体学会一项技能，通过技能，增强体质、增进健康就是目标，对于技能习得后的干预和要求较少，主要停留在简单的技能考核上。而体育俱乐部课程学习通过"学技能，用技能"的教学指导思想，使体育俱乐部课程学习运动技能更加具体和有效。教学过程中，明确学生学习技能的原因，结合实际生活，将运动技能运用其中。所以，开设高校俱乐部课程要通过指导思想明确教学目标和内容，通过体育俱乐部课程学习训练，让学生能够掌握至少一项运动技能，并有效地将运动技能运用到实际生活中。

（三）"促快乐，增健康"的教学指导思想

"增强体质、增进健康"，始终是学校体育课程教学指导思想和目标，其中包含

的内容和内涵是非常丰富的，体现在教学全过程中。传统高校体育课程教学主要技能考核，忽略了学生参与运动的体验感。而高校体育俱乐部课程教学将增进学生健康贯穿于课程实施的全过程，同时关注学生参与体育运动的体验感——快乐。

学生主体的健康包含两方面内容，即身体和心理的健康。明确参与体育活动不仅是要学会运动技能，关键是通过体育运动舒缓情绪，体验快乐。体育运动作为疏导情绪的有效手段之一，应该应用于学生心理健康干预中，教师在课堂上应关心学生的心理状态，鼓励学生进行技能学习和运动参与，将不良情绪通过体育运动进行疏导。高校体育俱乐部课程形式多样，学生可以根据自身的身体条件和兴趣爱好，选择适合自身的运动项目进行锻炼，从而愉悦身心促进健康，使学生快乐地、系统地学习运动知识、技能和方法，形成运动习惯。

二、高校体育俱乐部课程稳定的教学过程结构

（一）高校体育俱乐部课程教学过程结构的整体性

传统高校体育课程教学主要集中于学生单一技能的学习，忽略技能竞技水平提升，所以教学过程结构比较单薄，主线单一。而高校体育俱乐部课程教学过程结构有一定的整体性，主要体现在课程内容的设计上，从技能教学到比赛教学到运动队选拔，再到代表学校参加比赛。学生运动技能掌握是从易到难、递进式的发展过程：基本技能掌握—技战术掌握—教学比赛实战对抗—校外赛事高级别对抗。高校俱乐部课程的整体性教学过程，能够以兴趣激发学生参与运动的积极性，并在反复训练和练习后通过比赛成绩实现运动参与的自我价值。这一教学过程，为学生制订了完整的运动参与计划，有利于学生循序渐进地学习技能知识，在不同层次学习目标激发下，有利于提升学习的积极性和持久性。

（二）高校体育俱乐部课程教学过程结构的连贯性

高校体育俱乐部课程教学过程结构的连贯性建立在整体性之上。在教学实践中，教学实施是环环相扣的，在学生遇到技术难点时，教学过程的整体性被打破，帮助学生解决技术瓶颈、不断突破自我是关键环节，要反复通过教师讲解示范和学生练习来

突破障碍点，进行更高阶的运动参与。但因为个体的差异性，学生解决问题的时间长度不同，教师应该因材施教，不能用相同的方法要求不同问题的学生，且要更有耐心，不能给学生造成不会技能动作或者水平很差的心理负担。此外，高校体育俱乐部还要求高水平技能学生帮助低水平运动能力的学生，使其在同伴的陪同练习过程中逐步掌握动作技能，技能习得和运动参与更加连贯，不断提升自身的运动能力和水平。

（三）高校体育俱乐部课程教学过程结构的动态性

高校体育俱乐部课程教学过程结构的整体性和连贯性是学生习得动作技能的基础，是运动参与的基础，是学生运动能力提升的基础。而教学过程结构的动态性，主要体现在学生运动参与过程中的动态性。

学生在掌握技能的过程中，性别、身体素质、心理控制能力差异，会造成个体学习运动技能的完整性存在差异，所以教师在教学过程中，应该根据学生的运动参与情况，实时跟踪记录学生的学习动态，为学生制定个性化的教学内容、方法和手段，帮助学生解决问题，掌握运动技能，更好地进行运动参与。

三、高校体育俱乐部课程创新的教学方法体系

（一）模仿练习的教学方法体系

体育教学中主要是通过教师示范，学生模仿练习来学习动作技能。传统高校体育课程教学中，学生通过模仿教师动作反复练习，并在教师的反复纠错中规范动作、掌握动作，但形式单一枯燥，学生在技能学习过程中容易厌烦和放弃。而体育俱乐部课程将采用多种形式的方法来进行教学，教师示范演示、多媒体运用、学生助教纠错练习和情感鼓励，用教学比赛实践来实现学生技能学习的评价。同时学生主体通过对多形式不同来源信息的加工处理，反复练习、模仿规范动作从而习得技能，实现运动参与的个人价值。整个学习过程中学生是主体，目标明确、主观能动性强，学习效果显著。

（二）合作对抗的教学方法体系

高校体育俱乐部课程区别于传统高校体育课程重要的一点就是学生运动竞技水平的提升。在体育俱乐部课程教学中，教学比赛是检验学生运动技能水平的方法，比赛

中既有合作又有对抗，可以快速地提高学生运动参与的能力，并实现个人运动参与的价值，获得个人成就感，更重要的是通过合作与对抗加强学生心理建设能力和承受挫败感的能力，是一种心理素质提升的有效手段。但教师也要时刻关注在比赛中未获得成就感的学生及反复承受挫败感的学生，并对其进行心理疏导，避免负面情绪和心理负担，正视问题、解决问题，克服技战术瓶颈，取得对抗中的胜利。而这种合作对抗的教学方法体现了人与人之间的合作与竞争关系，类似于社会生活中的人际关系，有助于提高学生适应社会生活的能力。

四、高校体育俱乐部课程的教学模式

（一）技能掌握式体育教学模式

对体育教学而言，最终目的是让学生掌握运动技能，参与运动实践，增强体质，增进健康。技能掌握式体育教学模式，是传统高校体育课程教学和体育俱乐部课程教学常用的教学模式，但是不同课程体系的内涵和外延是有所差异的。传统高校体育课程教学注重技能掌握，忽略了技能进阶和提升。而高校体育俱乐部课程教学对于学生技能掌握提出了更高层次的要求，体现在动作技能掌握和实施具有一定的竞技水平，通过比赛中的竞技对抗提升学生运动能力，将技能掌握转化为技能运用。俱乐部课程教学对学生主体掌握动作技能的要求更高，俱乐部课程开展也是围绕着这个点来实施的。

（二）运动体验式体育教学模式

传统高校体育课程教学强调的是学生动作技能的学习和考核，课程内容设计单一，学生学习缺少积极性和主动性，学校效果一般。而高校体育俱乐部课程注重的是学生习得动作技能后的实施和体验，合作对抗的教学方法体系渗透于整个教学过程，学生通过递进式学习、练习实现运动参与的个人价值，获得个人成就感。快乐自由的、竞争合作的运动体验感有效地提升了学生运动参与的积极性和持久性，自觉、经常性的运动参与使健康促进成为一种习惯和常态。在体验式的教学模式下，学生学会了处理合作与竞争的社会生活关系，有助于学生更早地适应社会环境，加强学生心理建设，促使学生身心健康发展，成为新时代社会主义建设者。

第四节　学生导师制高校体育教学模式

一、学生导师制体育教学模式内涵分析

随着高校体育教学改革不断深化，人们开始对传统的体育教学进行新的探索，提出了一些新思路和新要求，并进行了一些有益的尝试。但是在具体实践中，作为高等教育重要组成部分的学校体育，如何使学生的身心得到全面、健康、持续发展，以及围绕培养什么样的人、怎么培养等方面，还缺乏科学的理论指导和实践检验。结果使得我们高校体育教育教学各环节还没有形成很好的衔接，理论和实践没有取得形式与效果的统一，缺乏体育教育自身应有的系统性和科学性等现状没有得到真正改变。因此，研究探索高校体育教育教学，解决在教学中存在的问题和不足，进一步明确高校体育课程的核心目标和中心任务，完善课程结构、课程内容、课程实施以及课程评价等环节，使高校体育课程体系更加符合教育教学规律和人才培养需求，是新时代我们高校体育教育教学改革所面临的新课题。

建构主义认为，知识不是通过教师传授得到，而是学习者在一定的情境即社会文化背景下，借助其他人（包括教师和学习伙伴）的帮助，利用必要的学习资料，通过意义建构的方式而获得的。因此，高校体育应全面推进课程教学改革和创新，在教育教学活动中，坚持"着眼素质、扎实基础、全面发展、培养特长"的教学原则。充分发挥学生的主动性，尊重学生的学习兴趣和求知欲望，积极培养学生良好的体育精神和终身体育行为，掌握正确的学习方法，让每个学生的个性、特长和潜能得到最大限度地发挥。任何一个人都拥有各自无可替代的重要价值和潜能，各有所长、各有差异，所以教育过程重在让学生从差异中得到学习、发现自己的潜能。新体育教学模式强调，在教学过程中充分挖掘学生自身潜能，教师要从向学生传授知识的权威角色，转变为学生学习的辅导者和合作者，学生处于教育教学过程的中心地位，要从知识的被动接受者转变为主动的探索者和学习过程的执行者、管理者、评价者。

学生导师制体育教学模式就是在体育教学过程中学生既是学习者，还承担组织管

理者、技能传授者、考核评价者等导师角色，在学中教、在教中学，从而达成教学目标的教学模式。因此，学生导师制是学校或教师合理利用高校体育教学中潜在的人力资源，采取有效措施积极培养学生中的体育骨干，充分挖掘和发挥他们的各种特长和潜能，使他们尽早成为体育教师的得力助手和教学活动的组织管理者以及知识、技能传授的导师。并通过这种以教师为主导，学生为主体的多重教学梯队在课内外教学活动中互动，达到"一帮十、十帮百、以优带差、以点带面"的效果，形成技能传授、能力培养和人格养成三位一体的新的系统育人模式。这是一种把课内教学内容和教学活动延续到课后各环节，使高校体育课程成为课内外一体化的课内教学与课后锻炼以及各种课余训练、竞赛相结合的全面而长效的新教育教学模式。

学生导师制体育教学模式在具体实践过程中，打破传统体育课程观念的束缚，用大课程观的理念去设计高校体育课程，对学生的体育教育没有局限于教师的课堂教学，而是为学生提供更富挑战、更富趣味、更加开放、更加多元化的教育教学活动，鼓励学生多参与、多体验、多创新、多协作，给他们更多的学习和锻炼的时间和空间，让他们的体育经历更丰富，教育内容和范围更广更深，从而更灵活、更有弹性、更有效地利用大学四年学习时间，全面培养良好的体育行为和习惯以及健康的体育精神和个性品格。

二、学生导师制体育教学模式特色分析

现代体育教学改革与发展，主要向教学的多样化和多种模式并存；提高学生生理、心理、社会适应能力并重；强调学生在教学中的主体地位；以发展学生的能力为基点，拓展体育教学的教育范畴，突出体育教育的发展性方向发展。因而，新时代高校体育应把主体需要和社会需要结合起来，把体育健身价值和教育功能结合起来，突出时代特点，用现代的教育观对传统的体育教学方式进行审视和思考，全方位创造育人的内容和空间，向体育的教育性、多元性、健身性、娱乐性、主体性、多样性、人文性等综合方面发展，使学生的身心得到健康发展的同时，学会学习、学会生活、学会生存。

以教为主的单一教学模式，不能充分拓展体育教育的内涵和范畴，影响学生自身潜能挖掘以及创新意识、社会适应能力、个性品格培养，影响教育的社会化和国际化

进程。学生导师制体育教学模式特色概括起来就是，在教育教学过程中通过"一坚持""二开放""三自主""四互动""五自治"等一系列改革措施，使高校体育真正成为技能传授、能力培养和人格养成三位一体的系统育人的教育教学过程。所谓"一坚持"就是坚持"育人为本"，全面提升高校体育的育人功效；"二开放"就是全方位对学生开放参加体育课教学和各种体育活动的时间和空间，全面实施高校体育课的弹性学制；"三自主"就是学生根据不同专业、学情、兴趣、爱好等个体差异，在不同学期、年级自主选择锻炼时间、锻炼项目以及指导教师，充分体现学生在教学过程中的中心地位，全面实施高校体育课程"学分制"；"四互动"就是在教学过程中强调教师与学生、学生与学生、课内与课外、校内与校外互动，全面实现学生在课内、课外的互动互联和知识、能力转移和提升；"五自治"就是充分挖掘每个学生的潜能和特长，调动学生学习兴趣和积极性，鼓励和帮助学生积极参与到课堂教学、群体活动、课外训练、课外竞赛、成绩评价等课内外各种教学活动中，使高校体育课成为学生能够自我教学、自我锻炼、自我组织、自我监控、自我评价的"教、学、管、控、评"的"五自治"，全面拓展高校体育的教育功效和教育范畴，达到全面提升学生的锻炼能力、组织能力、创新能力、社会适应能力和终身体育能力的目的。

三、构建实施学生导师制体育教学模式的理论意义和实践价值

播种一种行为，收获一种习惯；播种一种习惯，收获一种性格；播种一种性格，收获一种精神。实践证明，在高校体育课教学中构建实施学生导师制体育教学模式，不仅能够有效地开发课内外的体育资源，积极拓宽各种健身领域和锻炼的时间、空间，实现以学生为中心、终身体育教育为目标，多种教学模式并存的新课程体系构建。而且，通过学生导师制新模式能够有效地弥补目前部分高校存在的师资队伍短缺，课后缺乏指导和监督，多数学生随体育课的结束而终止体育锻炼等现状；能够有效地提高学生学习兴趣和锻炼积极性，提高体育课的教学质量和教学效果；能够全面发展学生个性，提高学生的组织能力、创新能力和社会适应能力；能够更好地增强体质，提高运动技能，为培养造就更多社会体育人才奠定基础。

一是构建实施学生导师制体育教学模式。首先，使我们高校体育课程性质由过去

单一的"三基",逐渐过渡到以身体练习为主要手段,强化高校体育的教育功效,促进学生身心全面健康发展的终身体育教育教学过程。其次,学生导师制教学模式构建,使我们的课程结构比以往更加合理,更加适合学生发展和社会对人才培养的需求。最后,通过整合完善校内外各种体育资源,全面拓宽学生学习锻炼的时间和空间,学生根据自己的学情、兴趣、爱好以及个体差异,自主选择锻炼时间、项目和教师,并以此重新组合传帮带式教学群进行各种教与学活动,有效地提升学生学习锻炼的主动性、积极性,使学生真正成为教学过程的主体。

二是整体教育强调包括逻辑思维与直觉思维关联、心与身关联、个人与团队关联等在内的关联教育。整体教育理念突破了学科框架束缚,促进学生发挥其与生俱来的成长可能性,并加深和丰富自己同周围所有人和物之间的沟通。学生导师制体育教学模式,在教学各环节中更加注重教师与学生、学生与学生、课内与课外、校内与校外互动,能够更好地实现学生知识、技能互联和转移以及良好个性品格培养,使高校体育营造出更加活跃、宽松、高效、开放、和谐的教育教学氛围。

三是学生导师制体育教学模式实施,能够充分挖掘学生自身潜能,进一步调动学习锻炼的兴趣和积极性。通过学生主动参与课堂教学、群体活动、课外训练、课外竞赛、成绩评价等课内外教学活动的"教、学、管、控、评"过程的"五自治",不仅能够进一步活跃课堂教学和各种课外群体活动,而且能够逐步形成课内教学、课外锻炼、群体竞赛协同并进的,生动、活泼、积极、主动的课程结构,使这些内容很好地相互衔接、相互渗透、紧密联系,使高校体育的组织管理过程更加系统、科学,更加符合体育教育的发展特点和规律。

四是学生导师制体育教学模式实施,不仅有利于学生熟练掌握运动知识和技能,形成自觉锻炼的习惯和意识,而且能够有效地提高学生的自我锻炼能力、自我组织能力、自我保健能力、自主创新能力、社会适应能力、终身体育能力。从而使我们高校体育课程更加符合教育教学目标。

五是学生导师制体育教学模式实施,不仅有助于培养和提高大学生的综合素质和综合能力,而且能够促使我们体育教师不断完善自身的知识结构、能力结构,全面提高专项技能以及教学、科研能力，使我们体育教师队伍的综合能力和素质得以进一步提升。

四、构建实施学生导师制体育教学模式的结论

通过学生导师制高校体育教学模式构建和实施。第一，高校体育不再是过去以教师为中心的单一化课堂教学，而将成为大学生根据自己的能力和意愿定制自己的学习锻炼计划和方案，并按照自己学习锻炼实际情况参加相应的评价和考核的以学生为中心的弹性学制。第二，学生无论是在课堂上学习，还是参加课外锻炼、竞赛，所有学习和锻炼的过程和成绩评价，都将通过"互联网＋体育"现代化技术手段直接存入学生个人学分制账户中，学生可以随时了解和掌握自己的学习锻炼状态。第三，学生在课内外学习和锻炼之间自由切换；"教、学、管、控、评"的全过程自治；学校提供的个性而多元化的锻炼资源和丰富多样的运动项目供学生自由选择；学生与教师互动、学生与学生互动、学生与社会互动将逐渐成为常态化，从而使高校体育教育教学变得更有趣、更自由、更人性、更温暖。第四，学生学习锻炼的参与性、体验性、自主性得到全面体现，高校体育将真正成为以育人为核心，技能传授、能力培养和人格养成三位一体的既有效地增强体质，又使学生生理、心理、人格全面健康发展的系统育人的综合性教育教学过程。

第五节 "互联网＋"教学多元融合型大学体育教学模式

互联网的发展打破原有的生产和生活模式，在教育教学中也发挥着积极作用。而大学体育教学不但有助于学生强身健体，更能培养学生的团队意识、合作精神、坚韧意志，对学生的品格养成具有重要意义。互联网背景下，大学体育教学融合模式构建不但丰富了体育教学的内容，更是一种教学方法的创新，对教学效率的提高以及学生的自我发展具有重要价值。

一、互联网背景下大学体育教学模式概述

大学体育教学中经常会遇到诸多教学问题,如教师示范不标准、教师示范动作太快、动作定型难度大等。或者部分学生难以理解教师讲授的动作要领,难以进行肌肉记忆。另外,大学体育课课堂中的上课学生较多,课上练习时间不充足,而课下练习时缺乏技术指导或搭档。这些问题都受限于大学体育课堂的传统模式,致使教学效果不明显,效率低下,也影响学生对体育学习的兴趣。

为促进大学体育教学的可持续发展,唤醒高校体育教学的新活力,高校体育教师致力于打造新型的体育教学模式,即"互联网+"教学多元融合型教学模式,这是现代科学技术与大学体育教学的新型融合模式,立足于对教学质量追求以及对体育教学人文价值追求,在高校体育教学中积极融合互联网功能,使互联网思维能够在体育教学中融会贯通,实现双重双向的一体化超越,合理展现互联网与体育教学相结合的科学性和合理性。

二、互联网背景下的大学体育教学价值分析

(一)增加教学信息的便捷性和时效性

互联网中储备着大量的数据信息,涵盖所有专业的知识内容,包含各个领域的音频、视频和文字信息,是一个巨大的数据库。随着教育改革逐渐推进,对大学体育教学也提出更高的要求,不但要求体育教师能够将体育理论知识传授给学生,更需要结合时代发展的需求更新知识内容和教学目标,时刻了解当前的体育竞技发展形势等。也就是说,教师在传授学生基本动作要领的同时,要善于掌握知识动向,了解操作要领的革新情况,并在课堂中进行及时调整。此外,教师还应对当前的体育形势保持灵敏的嗅觉,并根据时代发展的变化和需求不断调整教学策略,不断满足学生的发展需求,适应社会发展的需要。高校学生目光远大、知识水平高、兴趣广泛,对新鲜事物充满好奇心,求知欲较强,面对学生的提问教师也经常存在无法解答的情况,这时即可借助互联网优势搜索相关资料。例如,学生和学校的资源共享,社区和国家、学校资源的同步等。互联网的发展和普及增加了学生获取知识和解决问题的渠道,不局限于教师知识水平和信息掌握情况,极大地增加了体育教学的便利性和时效性。

（二）提升课堂教学质量，丰富教学内容

利用互联网优势构建多元化大学体育教学课堂，不但能够在课堂中为学生提供更多生动的教学视频、音频，掌握体育领域的相关信息和数据，还可以利用微课提高课堂效率。除此之外，教师可以利用互联网来调查学生数据信息，及时掌握学生对体育知识的学习情况以及体育训练开展情况，便于教师及时根据学生实际情况调整教学计划，不断激发学生的潜能，提升学生知识水平和身体素质水平。

（三）激发学生兴趣，促进学生自主学习

"互联网+"的大学体育教学模式构建能够将互联网中的丰富资源融入体育教学之中，在课堂中利用现代化的教学手段创新教学，为学生建立更加自由的环境，融入更丰富的知识，创设更加新颖的环境，使学生能够在全新的教学模式中认真听讲、积极配合，在各种交互式软件的应用中增加课堂参与的积极性。

三、构建互联网背景下大学体育教学模式的策略

（一）互联网背景下的远程教学

高等院校体育教学可以分为课内和课外两种形式，互联网发展推动了课内与课外学习模式融合，在互联网背景下，大学体育课程打破了教师与学生面对面上课的局面，可以通过互联网的虚拟环境进行联系，能够防止因突发状况无法上课的情况，并且能够避免更换教师，或教师进修学习等因素导致的学生不适现象。为构建互联网环境下的大学体育教学新模式，促进远程教学的开展十分关键，这里笔者认为需要做到以下两点。

第一，在课内学习设计中，教师应充分做好课前准备，将课程需要的知识内容课件、教学视频等传送至互联网平台中，为学生课前预习提供良好支持。并在平台中设置浏览痕迹，以了解每个学生的预习情况。在教学实践中，因远程教学限制无法面对面沟通，教师需要利用麦克风、视频等功能建立于学生之间的联系，因此教师应调试好计算机硬件设备，保证远程教学顺利开展。此外，远程教学还应考虑场地训练的限制因素，为有效监督和检查学生体育动作训练情况，可以要求学生通过录制视频的方式来完成。比如，在羽毛球基本动作的学习和训练中，教师可以要求学生录制训练视频，发球50

次，高远球 50 次，正反手颠球 10 分钟等，结束后将录制的视频发送给教师接受检查，以便于教师了解学生的训练情况，发现学生在动作要领等方面存在的不足，进而在课堂中进行集中纠正指导。

第二，在课外教学设计中，教师应鼓励学生将所学知识运用于实践之中，鼓励学生在课外开展和参与体育竞技比赛，培养学生的体育习惯和体育精神。学生完成课外作业的情况也可以采用视频打卡的方式完成，如课外运动项目、地点、时间和心率动态等。若学生与同伴开展竞技比赛，可以将赛事情况录制成视频发送至教学反馈平台以供教师检查。

（二）互联网背景下的辅助教学

在互联网教学与大学体育教学相融合的背景下，辅助学习指的是凭借互联网的优势来辅助体育课内外教学的方式，以补充体育教学的不足。"互联网+"的高校体育辅助教学，即师生面对面授课，且使用互联网增加教育教学资源，丰富教学形式，以提高教学效率和质量。在高校体育教学的辅助教学中，使用互联网技术应做到如下两点。

第一，在课内学习的设计中应充分利用互联网的丰富资源，广泛收集丰富的教学资源，并将有效的资源制作成 PPT 课件，以为课堂教学服务。在教学实践中，教师应严格按照标准的教学程序进行，对基本体育理论知识进行讲解，示范体育运动的动作要领，指导学生练习技术动作，纠正学生不足，组织学生竞赛等，并在课程结尾时进行课堂活动总结。在教学环节中，互联网技术应用主要体现在知识传授环节，教师播放相应视频使学生了解基本动作要领，学生能够在微视频讲授中清晰地掌握动作的难点和技巧，这种打破常规的教学方式更能够吸引学生的注意力，提高教学效率。此外，教师可以利用互联网来创设多元化的教学情境，在课堂教学中培养学生的团队意识、竞争意识和拼搏精神等。

第二，在课外学习环节中，教师可以通过微视频的方式辅助学生训练。比如，将学生难以理解的动作技术要领制作成微视频，传送至师生交流平台之中，便于学生在课外学习中随时查看，以强化对运动要点的了解，辅助学生自主锻炼。此外，教师可以利用互联网资源共享的优势建立学生电子档案，记录学生每日锻炼情况，掌握学生的锻炼项目、频次、时间和心率变化等。

第六章 体育教学方法的创新发展

第一节 体育教学中多媒体技术的应用

一、多媒体教学技术的特征

（一）多媒体教学技术的多维性特征

所谓的多媒体技术的多维性特征，主要指的是多媒体教学技术所拥有的对信息范围进行处理的扩展与扩大空间的能力，而此种多维性职能能够变换、加工、创作输入的信息，使其输出信息的表现能力得到增强，其显示效果得到丰富。例如，在高校体育教学开展的过程中，利用多媒体系统进行辅助，不仅能够保证学生对文本知识的学习，使其对静止图片进行观察，并且在多媒体技术的支持下，学生能够清楚地观察、了解体育教师的动作演示，使高校体育教学额效果得到加强。

（二）多媒体教学技术的集成性特征

所谓的多媒体技术的集成性特征，主要指的是多媒体技术能够将不同类别的多种媒体信息有机地进行同步组合。例如，声音、文字、图像，等等。进而促进多媒体完整信息的相册。此外，集成性还存在另外一层含义，指的是对这些多媒体信息进行处理的工具或者设备的集成，包含视频设备、储存系统、音响设备、计算机系统等的继承，总而言之，指的是在提供的各种设备上将各种媒体紧密地进行关联，使文字、声音、图片与音像的处理实现一体化。

（三）多媒体教学技术的交互性特征

所谓的多媒体教学技术的交互性特征，主要指的是人和人之间、人和机器之间、机器和机器之间的交互活动,也就是人和机器进行对话的能力,也就是使用者同机器之间进行沟通的能力。这也是多媒体计算机系统不同于传统音响、电视机等家电设备的地方。根据实际的需要,人们能够选择、控制、检索多媒体系统,同时,还能够参与到播放多媒体信息与组织多媒体节目的行列中。传统的只能对编排好的节目被动接收的电视机形式已经被打破。

(四)多媒体教学技术的数字化特征

所谓的多媒体教学技术的数字化特征,主要是指在多媒体计算机系统中,各种各样的媒体信息都是以数字的形式在计算机中存放,并得到处理。多媒体技术是在数字化处理的前提下被建立的。例如,以矢量方式储存与处理的图形、以点阵方式储存与处理的图像、以数字编码方式储存与处理的音频和视频。在数字化技术发展的背景下,多媒体教学技术得到了广泛的传播与发展。

上述的四种主要特征,多媒体教学技术还有其他的一些特征存在,通常来讲,还拥有分布性、综合性与实时性等特征。所谓的实时性特征,主要指的是对于同时间相关的心理,如声音与视频信号等的处理,还有人机的交互显示、操作与检索等操作都存在实施完成的要求。所谓的分布性特征,主要指的是基于多媒体数据多样性的存在,在不同的时间与空间都会存在它的素材,在不同的领域中,它也得到了广泛应用。所以,对于多媒体产品的开发,在离不开计算机专业人才参与的同时,更加需要的是听、视专业的人才。而多媒体计算机系统的存在比较明显的综合性,它不仅能够综合集成各种媒体设备,同时还能够综合提成各种信息,是他们成为整体,促进综合效应的产生,不再是单兵作战,而是文字、图片、声音与音像的有机组合。

二、多媒体在高校体育教学中的应用优势

多媒体教学教学技术通过文字和图形的形式,同动画、音频与视频相结合,将体育课程的教学内容进行立体地显示,具有表现形式和表现手段丰富多样、灵活多变的特征,使其独特的优势得到充分体现。

（一）多媒体技术使高校体育教学观念得到了更新

高校体育教学的传统教学模式是以教师的"教"作为重心，在高校体育教学应用多媒体技术，能够使此种传统高校体育教学模式发生改变。体育教师在进行授课的过程中，对现代化的多媒体教学手段进行了应用，同时还需要人机交互活动与学生间交流活动的开展，使学生的体育参与意识得到激发，将体育多媒体教学的教学思想进行了展现，即以学生的"学"作为中心。这都能够极大地促进高校体育教学方法的实践性与多样性变革，改变学生体育知识与体育技能的学习思路与方式。

（二）多媒体教师使高校体育教学的质量得到提高

在体育课程的传统教学活动中，教师主要应用的教学方式是讲授为主，挂图等展示方式为辅。在实践课中则需要体育教师进行讲解与示范，在主观条件与客观条件的约束下，很难做到完全规范、标准的技术动作示范，在较短的时间内，学生正确的动作概念也很难形成，只有体育教师才能够反馈出学生的体育学习状况，而这样的高校体育教学效果也是可想而知的。

多媒体高校体育教学的实施使得上述的状况得到改变，在文字与图片的辅助下，体育课程的抽象概念得以具体化、形象化，而通过计算机，就能够对难度较高的体育技术动作进行模拟演示。而在对速度较快、结构复杂的技术动作进行讲解与示范的过程中，取得的效果则将会更加的明显。在多媒体技术的支持下，通过慢动作使学生对这一系列动作进行清晰的感知，促进相关体育概念的形成与动作要领的掌握，方便进行模仿与掌握，使高校体育教学的效率与效果得到极大地提高。

（三）多媒体技术使学生的体育学习效果得到提高

多媒体技术能够使人的视觉、听觉等多种感官系统得到刺激，促进大脑不同功能区域交替活动的开展，促进体育学习内容生动化、形象化的发展，增强高校体育教学活动的趣味性与直观性，方便学生对体育技术动作的理解。多媒体技术对字体、色彩、图表、音乐、动画和闪烁等多种表现手段进行了综合利用，保证"声图并茂""有声有色"，使得高校体育教学内容的艺术表现力与强烈的感染力得到增强，使高校体育教学的课堂氛围得到活跃，特别是多媒体高校体育教学资料中对肢体和谐美、力量美与技艺美的体现,使高校学生对体育的功效与个性的社会价值取得真正的认识,使他们的求知欲与体育学习的热情得到激发,进而使学生的体育学习兴趣与体育课堂教学的质量得到有效提高。

三、多媒体 CAI 在高校体育教学中的应用

(一) 目前我国 CAI 的发展现状

目前,CAI 正迎来了一个多媒体大面积教学的时代,即使用先进的计算机技术、多媒体技术、网络技术、通信技术和设备,"让最好的教师面向最广大的学生的时代"。所以,保证 CAI 课件大数量、高质量的发展具有十分深远的意义。

(二) 多媒体 CAI 的发展趋势

对于近年来,在 CAI 中多媒体技术的应用情况进行综合分析,可以得知多媒体 CAI 的应用存在三个方面的发展趋势,具体内容如下:

1. 呈现网络化的发展方向

计算机技术的不断发展,尤其是网络技术的迅猛发展,使人们的生活方式与工作方式得到很大的改变。网络技术的发展需要多媒体技术的支持,而多媒体技术需要在网络中得到应用,进而使网络的表现力得到增强。在网络中应用 CAI 课件,能够保证"最好的教师面向最广大的学生",进而使多媒体 CAI 的群体教学模式得以实现。

2. 呈现智能化的发展方向

从功能上来讲,多媒体教学软件与只能教学辅助系统之间存在着互补的关系,如果能够将两者进行结合,那么就能够在规避短处的同时而发扬长处,进而使得性能较高的新一代多媒体 CAI 系统顺势而生。如果想要使多媒体 CAI 具备一定智能性的问题得以实现,那么就不仅仅需要同人工智能领域的知识表达与知识推理紧密联系在一起,同时还需要对学生模型的建构问题进行考虑。在人工智能领域的知识表达与知识推理问题上,需要探求出一种能够与多媒体环境相适应新型的知识表达方式及与之相对应的推理机制。

除此以外,还能够应用方法保证多媒体知识库中导航功能的智能化发展。智能化

导航在具备一般导航功能的同时，还能够按照当前学生的知识水平，对学生最合适的下一步路径进行及时的建议，如果学生碰到了困难，就要对学生进行帮助，等等。

3. 呈现虚拟现实的发展方向

虚拟现实的英文全称是 VirtualReality，简称为 VR，属于交互的一种人工世界，需要多媒体技术同仿真技术的有机结合，在此种人工交互的情境中对一种身临其境的感觉进行创造。通常来讲，如果想要融入到虚拟现实的环境中，那么就需要对一个特殊的头盔与一副收据手套进行佩戴。

（三）同传统的高校体育教学方法相比，多媒体 CAI 具有的优势分析

在高校体育教学课堂教学活动开展的过程中，由于高校体育教学内容与高校体育教学任务方面存在着一定的需求，因此，多媒体 CAI 能够科学地、合理地对现代化教学媒体进行选择，并进行应用。而信息的全方位传递需要人体的多种感官，同时对于媒体组合开展的系统教学能够进行反馈与调控，在高校体育教学课堂教学开展的过程中，保证它的存在是始终有效的，从而实现高校体育教学过程的优化。

多媒体 CAI 高校体育教学同传统的高校体育教学活动相比较，存在的优点有以下几种。

1. 体育教师在指导学生体育学习活动的过程中对其系统进行利用

在现代化高校体育教学理论的，体育教师安排、组合高校体育教学内容与高校体育教学程序，从而切实地使高校体育教学内容得到优化，保证高校体育教学过程的规范性与系统性。计算机能够对大量的教学相关信息进行承载，能够按照高校体育教学的实际需要，开展人机对话，并且能够对各种各样的高校体育教学活动随意地调用、开展。

2. 可帮助学生对动作概念尽快地建立

如果能够将多媒体 CAI 应用在体育课堂教学过程中，就能够促进力量教学效果的获得。例如，体育教师在对足球理论课进行教授，提到"越位"这一概念的时候，大部分学生对此概念能够很好地理解，然而，在具体的实践中却不能较好掌握。在进行表达的过程中，体育教师可以对画图的形式进行利用，同时，还能够对声像资料进行

应用,将足球比赛活动中一些典型的与不典型的"越位"镜头编辑在一起,从各个角度出发,向学生及时展示什么是"越位",同时还要将经过反复多次推敲的解说词列入其中,使学生的各个感官得到调动,从理性上与感性上使学生对这一概念进行理解。

3. 学生可用其对自我学习、自我测验与自我评价直接地开展

对于多媒体高校体育教学的使用方法,由体育教师向学生传授,保证学生的体育学习活动,不仅能够在课堂上进行,还能够在课堂教学结束后开展,即复习或自学。

4. 向学生及时、准确地反馈其学习进程,使体育学习效率得到提高

在传统的高校体育教学过程中,教师在对跳远动作进行教学的时候,会对学生做出的不规范腾空动作或者是没有达到规定标准的动作进行指出,但是有时候学生可能并没有意识到错误的动作,导致教师和学生之间出现了沟通障碍,需要注意的是,如果想要消除掉此种阻碍,就需要在体育教师的悉心指导下,学生对某一种动作一遍一遍地不断重复,并且在不断的重复练习中,对动作的要领不断体会。如果是在学生需要改进某一个成型动作或者使自身运动成绩得到提高的时候,就可能会导致学生具有较低的训练水平与较慢的成绩提高。如果体育教师对每一次学生做的跳跃动作进行录制,进行慢动作处理。再组织学生进行观看,使学生对于存在的问题能够及时地发现,并予以纠正。还可以利用计算机的处理作用,将一些优秀学生所做的这一动作进行事先的录制,再将两者开展对比,就能够很明显地得出两者之间存在的区别。此外,这套编制的多媒体 CAI 在专业运动员的训练中也同样适用。

5. 使学生的体育学习兴趣提高

在传统高校体育教学活动开展的过程中,鉴于单调高校体育教学形式与落后高校体育教学手段的存在,学生由于学习过程反复、辛苦、无聊而产生的不能积极应对学习的心理状态想要调整过来是不容易的,同时,多媒体 CAI 具有的形式是新颖的、变化多样的,能够对学生良好的心理状态进行调节,同时还能够有效刺激学生自身的求知欲,从而使学生的体育学习效率得到一定的提升。

综上所述,多媒体 CAI 能够刺激学生的各种感官,对知识或信息进行最大限度地吸收。多媒体 CAI 在高校体育教学中的应用,促进高校体育教学软件多媒体化的发展,能够使学生心理上的不同要求得到更好地满足。它能够将信息编码成图像,经过同步识别以后，保证高校体育教学文件的声图并茂，绘声绘色，且清晰，便于理解，使学生更加容易接受。

（四）体育多媒体 CAI 课件设计

体育课件的结构主要包含两个主要部分，即原理教学模式与训练教学模式。而对体育多媒体 CAI 课件而言，总体的结构组成是高校体育教学内容与高校体育教学目标，其主要目标是使学生对体育基础知识和基本技术、技能进行掌握，使学生的身体素质得到增强，使学生的良好思想品德得到培养，促进学会观察能力与模仿能力的提高。而体育多媒体 CAI 课件的主要内容由理论课与实践课构成。

1. 体育多媒体 CAI 课件设计步骤

体育多媒体 CAI 在设计的过程中，主要包含四个主要步骤，具体如下。

（1）体育多媒体 CAI 课件设计的第一阶段

在体育多媒体 CAI 课件进行设计的第一阶段，首先要对题目进行确定，之所以对题目进行确定，目的在于对课件设计所依据的规范进行了解。

（2）体育多媒体 CAI 课件设计的第二阶段

在体育多媒体 CAI 课件设计的第二阶段，要对脚本进行撰写。撰写脚本的目的是对高校体育教学的内容进行安排，主要使由具有丰富教学经验的高校体育教学或者作者负责撰写。

（3）体育多媒体 CAI 课件设计的第三阶段

在体育多媒体 CAI 课件设计的第三阶段，需要编制软件，在前两个阶段中还只是纸上谈兵，但是在这个阶段，不再是字面上的，而是课件的实际材料。在这一过程中需要做的工作有三项，即：①通过对多媒体编辑工具的利用，对多媒体数据进行整理；②通过多媒体的著作工具对多媒体课件进行制作；③对相关的程序进行编制。

（4）体育多媒体 CAI 课件设计的第四阶段

在体育多媒体 CAI 课件设计的第四阶段，需要测试、检验。当完成了体育多媒体 CAI 课件的开发、设计工作以后，就需要进行测试、检验。主要目的在于对体育多媒体 CAI 课件的运行情况进行测试，从而对课件能否达到规定的目标进行测验。

2. 体育多媒体 CAI 课件的选题原则

我们都需要承认的是体育多媒体 CAI 课件具有的特点与优势是非常强大的，然而，有时候也会有相对的不足与局限，因此，在完成全部教学任务进行完成的过程中，不能对体育多媒体 CAI 课件过分依赖，还应该对高校体育教学目标、高校体育教学条件、高校体育教学资源与高校体育教学内容进行考虑，保证选择的最优化，并精心设计。更是要同其他教学媒体紧密联系在一起，组合应用，才能扬长避短，使更加高效的教学系统得以构成。

我们首先要对体育多媒体 CAI 课件设计的价值进行考虑，即这堂课是否必须要使用课件。如果传统的教学方式就能够使良好的教学效果得以达成，就没有必要花费大量的精力去对体育多媒体 CAI 课件进行制作。所以，在对体育多媒体 CAI 课件的内容进行确定的时候，通常会很难使用语言对高校体育教学过程中的难点与重点进行清晰的表达。在这样的情况下，对体育多媒体课件的形式进行使用是比较合适的。之所以这样，主要原因是对体育多媒体课件而言，自身具备较为丰富的功能，能够将声音、视频、动画、效果汇集在一起，能够更贴切地模拟自然、表现自然，或者是在实验条件的支持下，通过局部放大、旋转与重复等多种方式进行展现，从而有效地突破高校体育教学的重点与难点。基于模拟训练的目标，特别是初级训练更是比较适宜对多媒体形式进行应用。体育多媒体具有比较强大的模拟功能，能够有效地实施高校体育教学中的各种模拟技能训练。例如，对于一些进展比较困难的危险实验进行替代，高校体育教学过程中学生的实际操作，周期较长或者代价较高的实验，但是，需要注意的是，在选择高校体育教学内容的时候，应该选择那些不存在演示实验或者是演示实验不容易做的教学内容，并且进行使用。

3. 体育多媒体 CAI 课件的设计原则

（1）体育多媒体 CAI 课件设计的结构化分析原则

在体育多媒体 CAI 课件进行设计的过程中，应该对结构化分析原则进行遵循，而我们这里所说的结构化分析原则，主要是指设计体育多媒体课件的时候应用系统分析的方法，按照结构要素组成对事物进行依次的分解，等到对于所有的要素都能够清楚地进行理解与表现的时候，就能够停止事物的分解了。基于结构化分析原则下的体育多媒体CAI课件,能够将高校体育教学的内容进行层次清楚的表达,纲举目张,不管是从系统宏观来讲,还是对局部细节而言,所做的认识都是非常详尽的,因此,对于体育多媒体CAI课件中框架的展开与学科内容的设计都能够起到一定的促进作用。

(2)体育多媒体CAI课件设计的模块化设计原则

所谓的体育多媒体CAI课件设计的模块化分析原则,主要只是按照结构化分析的框架图指示,将相同或相近的部分设计成模块,使其相对独立,用模块图表示出单一功能模块的组成的结构,由此对课件系统及与之相应的功能结构进行确定,进而为结构化编程创造良好条件。

诸多实践证明,体育多媒体CAI课件的模块化设计不仅减轻了繁杂的内容编程的负担,还可保证课件的风格统一、制作程序化。

(3)体育多媒体CAI课件设计的个别化教学原则

在对高校体育教学内容进行选择与组织的时候,应该能够具有广泛的适应性,应该保证某一层次的所有学生都能够适用。同时,根据学生不同能力的差异,对相应的高校体育教学程序和对策进行设计。例如,学生能够对自己学习内容的深度和广度进行控制,并对自己的学习进度进行确定。

(4)体育多媒体CAI课件设计的反馈和激励原则

体育多媒体CAI课件应该对于每一个学生做出的反应都能够将与之相对应的信息不论时间、无论地方的进行反馈。在体育多媒体CAI课件中,要保证友好的交互界面,充分调动学生体育学习的积极性,使学生始终处在良好的学习状态中;同时,还要及时地、有效地强化体育教学的效果,使及时正向激励的作用得到有效的发挥。

(5)体育多媒体CAI课件设计的贯彻教学设计原则

对体育多媒体CAI课件的设计而言,其理论与方法在将体育课堂教学呈现包含在内的同时,也存在体育多媒体CAI课件进行设计的方法与原则。在对高校体育教学的结构与内容进行设计的过程中,体育教师不能单纯地依靠传统的方法与经验对高校体育教学结构与内容进行设计,同时还要适当地使用系统的技术和方法,进而对高校体育教学目标的设计与分析,以及高校体育教学的诊断工作进行实施。

4. 设计体育多媒体 CAI 课件的具体方法

体育教师在开始制作体育多媒体 CAI 课件之前，应该对课件设计工作的重要性进行明确。现阶段，有一些体育教师不能够把握住体育多媒体课件的精髓所在，只是一味地去追求最新的科学技术，一不小心就将体育多媒体课件的性质进行了改变，使之成为多媒体成果展示，这样是不正确的。之所以出现这样的结果，主要是因为，没有对高校体育教学中体育多媒体课件起到的作用进行明确。需要注意的是，在高校体育教学过程中，体育多媒体课件发挥的作用不是主要的，只是辅助性的。在体育课堂教学开展的过程中，教师仍然发挥着主导作用。只要将体育多媒体 CAI 课件的设计工作做好，才能够制作出更多优秀的课件。所以，在设计体育多媒体 CAI 课件的过程中，可以考虑从以下几个方面进行考虑。

（1）从体育多媒体 CAI 课件的可教性考虑

对体育多媒体 CAI 课件进行制作的主要目的是使体育课堂教学的结构得到优化，使体育课堂教学的效率得到提升，在保证促进体育教师教的同时，还要促进学生的学。所以，在设计体育多媒体 CAI 课件之前，我们应当对其存在的教学价值进行优先考虑，也就是说，对于这堂课是不是有必要对体育多媒体 CAI 课件的使用进行考虑。通常来讲，如果仅仅使用传统的高校体育教学方式就能够使良好的高校体育教学效果得以实现，那么花费大量的精力对体育多媒体 CAI 课件进行设计就没有必要。所以，在对体育多媒体 CAI 课件的内容进行制作以前，应该尽可能地对那些不存在演示实验，或者是演示实验不容易做的高校体育教学内容进行选择、应用。

（2）从体育多媒体 CAI 课件的易用性考虑

对体育多媒体 CAI 课件而言，应该能够清楚地表达出高校体育教学的目标、高校体育教学的步骤与高校体育教学的具体操作方法；同时，需要注意的是，即在同本机脱离的情况下，在其他的计算机环境中，体育多媒体 CAI 课件也能够运行成功，因此，需要对以下几个方面具体的内容进行注意。

①体育多媒体 CAI 课件应该便于安装，且能够随意拷贝到其他硬盘上使用

首先，体育多媒体 CAI 课件应该保证启动比较快速，避免体育教师和学生焦急等待的情况出现。其次，体育多媒体 CAI 课件应该尽可能占据较小的容量。需要注意的是，

对于体育多媒体CAI课件越大越好的错误观念必须要更正,伴随着网络技术的日新月异,体育多媒体CAI课件的运行在网络环境下最好。

②体育多媒体CAI课件应该具备友好的操作界面

对体育多媒体CAI课件而言,其操作界面应该包含一些具有明确意义的按钮和图片,同时还要能够通过鼠标进行操作,对于一些特殊情况要避免,如键盘操作复杂等。此外,应该合理设置体育多媒体CAI课件各个内容部分间的转移,保证方便地操作跳跃、向前与向后等步骤。

③体育多媒体CAI课件的运行要保证一定的稳定性

对体育多媒体CAI课件而言,在其运行过程中应该保证一定稳定性的存在,如果体育教师在执行体育多媒体CAI课件时操作错误,那么就十分容易产生退出的情况,也会出现计算机重新启动的情况。因此,在体育多媒体CAI课件的具体操作过程中,体育教师应尽可能地使死机的情况减少,甚至不出现,保证体育多媒体CAI课件运行过程中稳定性的存在。

④体育多媒体CAI课件要保证及时进行交互应答

在体育多媒体CAI课件运行过程中,应该保证及时地进行交互应答,而不能将体育多媒体CAI课件等同于电影。同时,体育教师应该高度重视学生的学,使学生学习的过程是循序渐进的,为学生留出更多的思考余地。

(3)从体育多媒体CAI课件的艺术性进行考虑

对一个体育多媒体CAI课件而言,它的演示在保证良好高校体育教学效果的同时,还应该是令人愉悦的,只有这样才能够将美的享受提供给体育教师与学生。如果上述的两项因素都能够保证,那么就表示这样的体育多媒体CAI课件存在着较强的艺术性特征,完美地融合了优秀的内容和优美的形式。值得注意的是,想要实现这两个目标一点也不容易。想要实现这些内容,体育教师不仅应该具备一定的美术基础,还要存在一定的审美情趣。所以,如果在这一方面存在过高的要求,就很难顺利实现的。

体育多媒体CAI课件的艺术性特征的主要表现是:具有柔和色彩的操作界面,科学合理地进行搭配,画面应该同学生的视觉与心理产生共鸣;为了能够保证将更加逼真的图像呈现出来,可以考虑使用3D效果;对于画面的流畅性要做出保证,避免停顿、跳跃的现象出现，需要注意的是，体育多媒体CAI课件画面中最多只能存在两个运动对象；此外，不仅要存在优美的音色，还必须通过适宜的配音进行辅助。

5. 体育多媒体课件创作工具的选择

在选择体育多媒体课件创作工作的问题上，如果能够恰当地选择体育多媒体课件的创作工具，那么就能够使得体育多媒体CAI课件的具体实施产生更加理想的效果。在本书的此章节内容的分析与研究中，笔者主要从以下几个方面简单地分析比较典型的体育多媒体课件创造工具与开发工具。

（1）在体育多媒体课件创作过程中，选择体育多媒体创作工具的基本原则

在体育多媒体课件创作过程中，所选的创作多媒体工具，其主要用途是当用户编排、制作各种各样的节目能够起到一定的促进作用，多媒体的创作工具在向用户提供的过程中，通常是交互的设计环境与易懂、通俗的高级编著语言，如此一来能够为用户编制各种内容提供便利。如果在体育多媒体CAI课件设计过程中，恰当地选择多媒体创作工作，那么就能够保证体育多媒体CAI课件的效用得到最大限度地发挥。

①高效原则

在体育多媒体课件创作的过程中，将会对多媒体的开发、创作工具进行应用。对多媒体开发、创作工具而言，存在的特点主要有：具有容易实现、具有丰富多样的效果、较高的媒体集成度、看到的就是得到的，在体育多媒体课件备课问题与课件开发的开展方面，具有十分明显的效率优势，这一点传统"语言"系统是做不到的。

②易用原则

对同一种知识而言，如果通过1000名教师进行教授，自然就会存在1000种不同的教学方式。而体育多媒体课件的实际操作具有简单、便捷、方便、容易使用等多项特征，如果想要体育教师真正地接受并使用他们，就需要体育多媒体课件的使用方法在较短的时间内被体育教师所掌握，即便这个体育教师对于程序设计一窍不通，甚至是对于计算机的操作也了解甚少。

③开放原则

在体育教学开展的过程中，可以使用的素材是富有变化的，因此，体育多媒体课件必须要拥有一个几乎被所有多媒体格式都能兼容的体育多媒体课件创作开发平台，

在能够提供或者应用各种各样体育教学素材的同时，还能够支持各种各样输入的设备格式。此外，还应该保证存在的所有素材都能够得到充分利用，自己的产品不管是在哪一台计算机中都能够适用。

④价廉原则

体育多媒体课件创作工具选择的价廉原则，是一种共同要求，在任何一个领域中都适用。当前"质优"是必要的前提。

（2）体育多媒体课件创作工具简介

在体育多媒体教学课件创作的过程中，选择体育多媒体创作工具的时候必须要对其存在的功能进行了解。通常来讲，体育多媒体课件创作工具具备的功能有很多，如1）为体育多媒体的编程营造良好氛围；2）多媒体数据管理功能；3）超文本功能；4）超媒体功能；5）对于体育多媒体数据的输入和输出都能够有效的支持；6）连接各种各样应用的功能；7）友好的用户界面；8）制作、编排动作的功能。

在体育多媒体教学课件创作过程中，如果体育多媒体的创作工具存在于不同的界面中，那么就会同样存在不同的创作特点与创作风格，同时每一种都会存在其各自的不同优点与缺点。但是，如何对这些界面不同的创作工具进行选择，主要依据是个人的偏爱与需要完成的创作任务。例如，如果仅仅是对学术会议的报告与研究生答辩内容进行制作，那么就不需要通过更加复杂的编程软件来完成制作，只需要对幻灯创作工具进行选择、使用就可以了。但是，需要说明的是，如果想要针对某一个领域中的教育教学软件进行制作，以便于更好地辅助个别化教育训练的开展，或者是实际操作的练习中使用，那么就应该选择具有较强交互性的多媒体创作工具。对于几种比较常见的多媒体创作工作，作者进行了如下的分析。

①幻灯式多媒体创作工具

体育多媒体课件创作过程中的幻灯式多媒体创作工具，一般来讲是一种呈现以线性为主的体育多媒体创作工具。而此种创作工具在应用中就是通过一系列的幻灯片的排列来对过程进行呈现，也就是按照顺序分离并展示屏幕。而此处所提及幻灯片，可以是简简单单的文字幻灯片，也可以是简单的图像幻灯片，还可以是由声音、图像、文字、视频或者动画等多种要素结合在一起的体育多媒体课件复杂组合，但是，有一点需要强调，那就是：一般来讲，此种体育多媒体课件创作的幻灯式多媒体创作工具，在开始使用之前必须要存在一个预先设置完整的展示程序。

对体育多媒体课件创作的幻灯式多媒体创作工具而言，其某一些特殊存在能够将一定程度的交互提供出来，再按照一定顺序立体体育多媒体教学课件界面中存在的键盘操作、鼠标操作与按钮操作，在对体育运动技术动作进行设计的时候，必须要借助动作按钮的功能，完成超级链接；此外，也可以打开一些外部的程序。幻灯式多媒体创作工具中比较典型的就是 PowerPoint，其显著特点就是简单、易学、易用。能够将一个创作展示的完整软件环境展示出来，不仅包含集成工具、格式化流程、绘画，还包含了其他的多种选项。此外，对其包含的许多模版，我们可以直接进行调用，但是，此多媒体创作工具也是存在缺点的，即只存在简单的交互，甚至是缺乏交互，并且存在的交互只是在幻灯的线性序列的点之间进行跳转。在学术报告、汇报与演示过程中对此种幻灯式多媒体创作工具使用较多。

②书页式多媒体创作工具

书页式多媒体创作工具的主要特点是，将相关的高校体育教学内容制作成一本书的形式，当然也存在"页"，并且这些页像书稿一样，也有一定的顺序存在。而上述的这一特征同体育多媒体课件创作的幻灯式多媒体创作工具是比较相近似的，但是，两者之间也肯定会存在一定的差别，即在页与页之间也能够有效支持更多的交互形式，给人一种身临其境，能够浏览真实书稿的感觉。书页式多媒体创作工具的典型是 ToolBook，此软件能够对应用程序进行想象，使之成为具有很多页的书籍，在它自己的窗口中可以对每一页的内容进行画面展示，里面有大量的交互信息与媒体对象包含其中。可以说，书页式多媒体创作工具与幻灯式多媒体创作工具相比，在结构方面，交互能够在一页内完成，显示出更加丰富的特点。对 ToolBook 来讲，在一个独立存在窗口上，每一次只能显示出一个内容。因此，在应用程序中的实现智能只能是利用页面不同的现实才能够完成。此外，还能够在打开某一本书的某一页内容的时候，同时打开其他的书籍，所以，对于更加复杂化的一个层次结构的建立，可以进行充分的考虑，也就是所谓的书架式的应用程序。对此种书架式的应用程度而言，其原理在于在书架上，将多种多样的事物当作一本书进行放置。

比较典型的创作工具就是 ToolBook，是由 Asymetrix 公司负责开发的。ToolBook 是水平较高的面向对象开发的一个环境，它能够将面向对象的一种程序设计语言 OPENSCRIPT 提供出来，两种相关的信息可以通过这种语言在一起链接，从而对各种任务的完成起到一定的促进作用。例如，可以用于动画声音、计算数字、播放图像，等等。此种体育多媒体课件创作工具的特点，一般在其对应用程序的组织方面体现出来。此种创作工具具有较强的超级链接能力与超级文本能力。对 ToolBook 而言，如果按照使用的角度对其进行划分，就能够分成两个主要层次，分别为 ToolBook 的作者层次与读者层次。从读者层面上而言，用户能够执行对书的各种操作，同时阅览它的内容；从作者层面上来讲，设计者能够使用命令来实现对新书的编写；在修改对象或者程序中各个页次对象等的时候可以对调色板与工具箱进行利用。

③时基模式创作工具

我国这里所说的时基模式创作工具，一种常见的多媒体编辑系统，主要将时间作为基础，通过此种编辑创作工具制作出的内容近似于卡通片或者电影。时基模式创作工具通常是利用看得见的时间轴来对显示对象上演的时间段与事件的顺序进行确定。在这样时间关系存在的情况下，它的出线形式可以是许多的频道，从而能够使多种对象得到安排，同时呈现出来。通常在这样的系统中会有一个控制面板的存在，主要是为了对播放进行控制，一般来讲就像是常见的录音机与录放像机，主要包含了演出、快进、倒带、前进一步、后退一步、停止等按钮。

④网络模式创作工具

对网络模式创作工具而言，它可以允许的程序组成一个自由形式的结构，即可以从任何一个地方到另外的任何一个地方。同时，它存在这不固定的结构与呈现顺序。在利用网络模式创作工具进行创作的过程中，仍旧需要作者建立自己的结构，也就是说作者需要尽可能多地完成工作。但是，在所有模式的多媒体创作工具中，此种创作工具是一个存在多种层次的，比较适宜建立的应用程度。比较典型的软件是"MEDIAScript"，能够从应用程序空间的任何一个对象使用户随意地跳转向其他的任何对象，访问是完全随机的。网络式的实现可以对任何一种程序语言进行利用，然而，它存在较高的计算机方面的要求，首先需要作者至少是一名程序员。

⑤传统程序语言为基础的多媒体创作工具

对程序员来讲，在编程方面比较擅长，通常对于多媒体编辑创作系统的限制及依赖工具箱产生对象的方式很难接受，所以，想要他们对多媒体创作系统进行应用，完全地丢弃到他们所熟悉的语言创作工具是非常困难的，几乎不可能实现。在这样的情况下，不仅适当地保留传统语言的特征，还要对于设计程序过程中所涉及的环境进行改进，使之能够像可视化操作的一个系统转变。如果这样的话，在程序编写过程中，使程序员在充分利用传统语言的同时，还能够对多媒体开发的工具箱进行应用，并且能够直接使用工具箱内的这些编码，使之变成能够得到重用的编码。可以预见，此种多媒体创作工具存在的应用前景是相当广泛的。

四、基于 WEB 的体育多媒体网络课件的教学设计

（一）体育多媒体网络课件设计特点

基于 Web 的体育多媒体网络课件的设计，主要对高校体育教学过程中学生的中心地位进行了强调。在主动获取知识的环境下，教师和学生的地位、作用和传统教学方式已发生很大的变化，相应的教学设计理论与传统教学相比也出现了差异之处。因此，就需要围绕以学生为中心、强调教师与学生充分交互这一原则对体育多媒体网络课件进行设计，保证能够将对网络教学特点进行体现的软件被设计出来。

1.对"以学生为中心"的思想进行强调

在体育多媒体网络学习过程中，应该使学生自身的主体性作用得到有效的发展，将高校体育教学课内与课外相结合、体育锻炼活动自觉参与的精神得到展示。应该保证学生能够在自身联系反馈信息的支持下，形成高校体育教学理论与方法的独到见解。

2.对于情境在获取知识中的重要性进行强调，对于体育教学信息的接受与传递不等同于知识建构的问题进行强调

在体育课程构建的实际情境中，能够开展一系列的学习相关活动，能够促进现有认知结构中的一些相关经验能够被学习者有效的利用，使他们对于现阶段所学的体育课程教学的新知识可以更好地固化、索引，进而将某种特殊的意义赋予到新的高校体育教学知识中。因此，在对体育学习情境进行构造的过程中，必须要强调知识点与知

识点间的结构关系，注意不能只是简单地罗列高校体育教学内容。

3. 对于获取知识方面，协作学习发挥的重要作用进行强调

在体育多媒体网络课件进行设计的过程中，对于学习者与周围环境之间存在的交互作用，还有网络环境能够强化协作学习环境的作用能够得到充分的、有效的发挥，这对于学习者充分理解高校体育教学内容有着非常重要的作用。

4. 对于学习环境的设计进行强调

我们这里所说的学习环境，通常指的是学习者能够自由地进行学习与探索的场所。在学习环境中，学生为了能够使自身的学习目标得到顺利实现，需要充分地利用各种信息资源与工具。基于 Web 的体育多媒体网络课件的设计，从以学生为中心思想的指引下，并不是从高校体育教学环境进行设计，而是针对学习环境展开一系列的设计。这样做的缘由是，更多的控制与支配产生于教学过程中，而更多的主动与自由则是会产生于学习过程中。

5. 对于学习过程中各种各样信息资源的有效利用进行强调

在体育多媒体网络学习开展的过程中，为了能够有效促进学习者对知识的主动获取与探索，需要将更多有效的各类信息资源提供给学习者；与此同时，对于学生自主学习活动与协作式探索的顺利开展得到促进，对于这些媒体与资源应该要科学合理的利用。因此，在选择、设计同传统课件设计相关教学媒体的问题上，需要应用全新的、有效的处理方式。例如，充分考虑到如何获得信息资源、获取信息资源的途径有哪些、怎样有效利用信息资源等多项问题。

（二）高校体育教学内容选择与组织

只有对高校体育教学内容精心选择和组织，才能够使 Web 的优势得到充分利用，具体的做法主要包含以下几个方面的内容：

1. 教学内容的多媒体化

在高校体育教学开展的过程汇总，不仅可以对文字和图片进行使用，还可以利用声音、动画和视频。如果高校体育教学内容具体多元化的形式，那么也要综合地设计高校体育教学内容的形式，对于文字形式、图片形式、声音形式、视频形式与动画形

式等多种体育教学手段综合利用，翔实地解说体育运动技术动作的要点、方法、难点、练习方法、容易犯的错误、纠正错误的方法等多个方面的问题。

2. 补充体育课程教学相关内容与链接

在体育课程教学开展的过程中，在教学的各个知识点中不仅能够将体育课程教学大纲要求的内容引入其中，还可以融入大量的相关信息与知识。例如，在《篮球》中，不仅仅包含体育课程教学大纲中规定的一些技术教学内容与战术教学内容，对于篮球运动的所有技战术进行了扩展，同时还补充了篮球运动技战术实战应用的内容。在完成体育课程教学大纲要求内容的同时，使爱好篮球运动的学生能够给对于国内外先进的篮球运动技战术、教学与训练相关网络站点进行了解学习。此外，还能够对网络连接的特点进行利用。

3. 高校体育教学内容动态更新

在体育课程网络教学开展的过程中，学生体育学习教材由体育教师负责编写的传统方式已经不再适用了。之所以这样，主要是因为在体育课程网络教学中，对于高校体育教学课件的相关内容，学习者可以自由地进行浏览，同时还能够通过网上教师答疑解惑与课程互动讨论等教学手段对高校体育教学内容进行讨论，将一定的修订意见进行提供，促进高校体育教学互动过程中教师与学生对教材进行共同编撰可行性的实现。经过体育相关教材的共同撰写以后，对于自身的问题与意见，学生能够进行充分的表达，从而使体育课程网络教学过程中学生的参与感得到大大提高。

（三）体育多媒体网络课件的结构设计

在设计体育多媒体网络课件结构的时候，需要考虑的因素有：高校体育教学的目标、高校体育教学的内容、交互方式的性质。体育多媒体网络课件结构主要建立在高校体育教学内容的基础结构上。对体育多媒体网络课件而言，其组织结构从本质上来讲也是多媒体各种信息的组织结构。它可以保证体育多媒体网络课件的相关教学功能与大致框架得到充分的反映。

对体育多媒体网络课件而言，其总体结构主要由两个部分内容构成，分别是高校体育教学的内容、网络交互。高校体育教学的组成内容，不仅包含体育课程教学大纲要求的全部内容，还包含一些扩充性的知识。在高校体育教学网络手段应用的前提下，大量同体育课程教学核心内容相关的补充性知识在体育课程教学内容中能够有机融合，进而促进体育教学资源的一个特定环境得到营造，对那些存在不同兴趣、爱好的学生而言，能够保证他们的个性化学习活动给予适当的支持。在大量扩充性知识得到引入的情况下，极大地丰富了体育多媒体网络课件的内容。对体育多媒体网络课件而言，其主要内容包含了体育理论课的教学内容与体育实践课的教学内容。

对体育多媒体网络课件而言，其主要内容包含了多项内容，如相关课程的介绍、课程讲解的要点内容、教师答疑解惑、课程讨论、作业处理与课程公告，等等。其中，相关课程的介绍主要有对学习总体目标的介绍、考核的办法、学习方法、学习进度与课时安排等的介绍；课程讲解的要点内容主要有每一个项目的教学任务、技术动作的要点、技术动作的难点、练习方法、容易犯的错误与纠正的方法；等等。

（四）撰写脚本与设计素材

多媒体手段的引入使得高校体育教学内容的形式得到多元化的发展，在体育网络课件撰写中需要对素材的撰写和设计进行考虑，我们这里所说的素材，主要包含文字、图形图片、声音、动画和视频等，对于这些不同类素材之间的连接关系也要进行考虑。

1. 文字脚本的撰写

通常对 Word 软件进行利用，来实现文字脚本的撰写，在内容的问题上，不仅仅要对高校体育教学的知识点进行考虑，还要利用文字清晰地表达出教师的讲解，另外还要在引入图形图片、动画及视频的文字处及超文本连接处做出标记，以便后期的制作者使用，所以，在字数上，文字脚本是传统教材的 2～5 倍。

2. 声音脚本的撰写

在网络条件的制约下，如果在高校体育教学网络课件中对于大量的声音文件进行应用，很有可能会降低其最终的运行速度，所以，声音文件的使用只能在特别需要的地方才可以。例如，对动画的解说、对视频的解说，等等。同时，在对这种类别的声音脚本进行撰写的时候，首先要进行考虑的是目标动画与目标视频，按照动画的解说与视频的解说，对时间与内容开展配音，需要注意的是，应该保证配音脚本的精练化，将动画与解说的过程、配音的过程紧密地联系在一起。

3. 关于图形图片的设计

我们常说的图片，就是指利用拍照技术而生成的图片。当体育教师向学生讲解高校体育教学内容的时候，可能需要使用到大量的图片。我们常说的图形，就是指利用计算机的相关软件绘制出来的示意图，如篮球运动技战术配合的相关线路等。在对图片进行拍摄以前，体育教师应该针对每一个技术动作按照文字讲解的实际需要进一步设计照片拍摄的地点与数量。通过计算机相关软件绘制出的示意图，不仅要对相关的内容进行表现，还要对图形的种类进行确定，可以使二维图形的绘制，也可以使三维图形的绘制。从原则上为了使基于 Web 的体育多媒体网络课件的制作成本适当的降低，尽量对二维图形进行使用，而放弃对三维图形的使用。

4. 关于动画的设计

我国这里所说的动作，主要是指动态的图形或图片。在基于 Web 的体育多媒体网络课件中，动作的使用只是为了表达原理性的一些内容，如体育教师在讲解球类运动的战术配合问题的时候，就需要应用到二维动画。在对相关动画进行设计的时候，首先需要进行设计的就是最原始的静态图形，然后需要通过文字与图示对初始动态图形的每一个变化过程进行说明，同时还要通过文字撰写的形式编写相应的解说文字。对动画脚本而言，其主要构成有：每一步动作的图形、说明性的文字与线条、图片中的文字提示、解说的文字等。一般来讲，一套规范的制作表必须要通过制作人员和脚本撰写人员一起来进行商讨、确定，这对于撰写脚本与双方交流活动的开展能够起到一定的促进作用。

5. 关于视频的设计

在基于 Web 的体育多媒体网络课件设计过程中，视频的拍摄类似于图片的拍摄。通常来讲，视频的拍摄和图片的拍摄在步骤上是一致的。同时，如果拍摄过程中使用的是数字摄像机，那么图片拍摄与视频拍摄事实上就是处在同一个过程中。

6. 关于功能的设计

对基于 Web 的体育多媒体网络课件而言，其功能的设计内容主要有：对于课件界面的层次选择、导航模式设计、按钮的选择、功能按钮的确定、课程内容展示方式的确定、类型不同素材的连接方法确定、课件内容文件结构的确立，等等。功能设计的目的主要是最大限度地使用多媒体网络手段，以便能够使特定内容对教学活动辅助作用的完成起到一定的促进作用。在基于 Web 的体育多媒体网络课件中，按照总体结构的相关要求，通常通过三级结构对界面进行设计，分别是主要界面（也就是网络课件的主页面）、选择内容的界面、讲解内容的界面。

在基于 Web 的体育多媒体网络课件的主要界面中，通常存在两组可以选择内容的按钮，分别是高校体育教学内容组按钮、网络交互组按钮。可以适当地减少页面切换的数量，从而提升基于 Web 的体育多媒体网络课件的运行速度。因此在选择内容的界面，在设置每一节内容选择按钮的同时，还要设置每一章节的切换按钮。针对某一个高校体育教学内容，综合利用各种各样形式的高校体育教学手段，可以采用的高校体育教学手段有文字介绍、动画讲解、图像图片、录像片段等。不仅如此，基于 Web 的体育多媒体网络课件还可以设置其他超文本链接形式的按钮，如欣赏，友情地链接到其他的网站。在基于 Web 的体育多媒体网络课件中，其界面存在的各式各样的按钮充分考虑了学生各种需求。此外，还可以科学合理地增加按钮的趣味性与动态效果。

基于 Web 的体育多媒体网络课件作用的主要表现是，使实践课中理论讲授时间紧且不系统的问题得到较好的解决，可在网上将体育课的教学内容完整系统地进行讲授，供不同需求的学生在网上进行个性化学习；可以利用多媒体的手段对体育运动技术动作要领进行形象生动的讲解，保证统一的、规范的动作，可以便于学生重复多次地进行观摩与学习，从而保证基于 Web 的体育多媒体网络课件对课外体育锻炼能够起到很好的辅助作用；对于网络上能够提供的条件应该充分地利用，对于相关的问题，体育教师应该指导学生进行谈论，并且为其答疑解惑，等等。

基于 Web 的体育多媒体网络课件，其应用与发展在对高校体育教学手段与高校体育教学方法进行改革与创新的同时，还会在一定程度上影响体育教育理论的发展与高校体育教学模式的发展。未来，多媒体课件中的一种重要形式就是基于 Web 的体育多媒体网络课件，同时它也将成为网络教学发展的重要资源基础之一。

第二节　体育教学中微课的应用

一、微课的概念

（一）微课概述

所谓的微课，主要是指以视频的方式把教师在课堂内外教学活动开展过程中传授的教学环节或者强调的主要知识难点与重点进行展示的新型的一种教学资源。微课具有一些比较显著的特点，即（1）碎片化；（2）突出重点；（3）具备的交互性比较强；（4）能够反复多次使用。微课作为一种全新的教学模式，能够使学生的碎片化学习活动随之随地的展开。

（二）微课的组成

对微课而言，其组成内容的核心就是示例片段，也就是课堂教学视频。不仅如此，也有同某个教学主题相对应的辅助性教学资源，如素材课件、教学设计、练习测试、教师点评、教学反思和学生反馈，等等。在一定的呈现方式和组织关系下，它们共同营造了资源单元应用的"小环境"，而这里所说的资源单元具有的显著特征是主题式的半结构化单元资源。因此，微课同传统单一资源类型的教学资源之间是有一定的差异存在的，主要表现在教学设计、教学课例、教学课件与教学反思等方面；同时，微课与上述的这些教学资源之间存在一定的联系，即微课作为一种新型的教学资源，其发展基础就是上述的这些教学资源。

（三）微课的特点

1. 碎片化

微课视频具有10分钟左右时长，将课程教学过程通过清晰的视频录制的方式进行呈现，一堂传统课堂教学的时间是45分钟，而原有的段状课程在微课的作用下，逐渐向点状课程转变，促进了更加精华、细致课程内容的出现。因此，学生除了课堂教学的时间以外，还可以利用课外的其他的零散时间。例如，当学生排队等待就餐的时候，可以利用这一小段时间进行学习，所以，微课的显著特点之一就是碎片化。

2. 突出重点

基于学生的学习特点，在微课显著碎片化特点的影响下，对于教师的教学能力，微课也提出了更高的要求。在微课视频的10分钟展示时间内，要求教师将严谨的逻辑性进行体现的同时，还要将课程内容的重点与亮点凸显出来，真正地抓住学生的学习重点所在，才能够使学生的学习兴趣得到更好的激发。

3. 较强的师生交互性

微课作为一种新鲜的课堂形式，它的出现在满足学生知识渴求与猎奇心理的同时，还能够有效改善传统教学模式中教学内容单方面输出的情况。在微课教学开展的过程中，教师与学生之间的互动得到加强，不仅及时收集了学生课程学习的兴趣点，同时对学生存在的疑问教师也能够及时进行回答。这无疑会为教师课程后期的设计提供便利条件，使其能够同现阶段学生的知识渴求得到一定的满足，进一步提升了课程的教学效果。

4. 能够反复多次使用的教学资源

在微课模式下，学生能够按照自身的实际需要，对体育学习活动随时随地的展开。例如，在课程开始之前，学生可以通过微课来预习运动技能、巩固难点和重点、练习课后的动作，等等，上述的这些微课学习途径，在进一步提升教学效果的问题上都能够发挥出有效的促进作用。此外，对微课教学模式的使用，还可以使学生课程学习的积极性得到增强。

二、微课在体育教学中的应用

由于微课存在碎片化、突出重点、较强的师生交互性与可重复利用教学资源的特征存在，从体育微课的基本设计原则出发，开发质量较高的体育微课，进一步地改善当前高校体育教学的现状，使学生体育运动项目学习的兴趣得到提高，对于体育方法微课的应用要始终去探索。一般来讲，在高校体育教学中，主要会在以下几个方面将高校体育教学中微课的应用体现出来。

（一）微课应用在学生体育需求调研中

鉴于高校体育教学传统模式中同高校体育教学内容间存在的关联，在高校体育教学实践活动正式开始前，体育教师应该按照课程逻辑将高校体育教学内容中的难点与重点提取出来；同时，还应该同现阶段体育栏目与体育热点新闻相结合，对体育微课进行制作，之后再将已经制作完毕的体育微课利用移动互联网的各种渠道实施学校范围内的广泛传播。通过对微课中学生的点击率与回帖评论内容的考察，体育教师能够有效地评定体育课程内容的合理性，保证体育教师更加深入地了解到学生兴趣与期待。此外，在前期对体育微课进行传播，能够有效地使学生体育学习的积极性得到调动，使学生更加期待即将要学习的新内容，使学生的被动学习行为转变向主动学习行为，进而提升学生的体育参与度。

（二）微课应用在体育课程设计中

对体育微课而言，它不仅补充了传统的高校体育教学模式，还是多媒体时代下高校体育教学发展的必然结果。微课的出现，使得原本的体育课程设计得到了重新的定义。例如，对于"干活"这一词汇，在学生中经常提到，因此，就需要保证体育课程有理有据、有血有肉。在高校体育教学开展的后期阶段，将以往室内体育理论课与室外实践课分开开展的体育课程设计进行改变，将两者进行融合。同时，对于多媒体时代大数据的时代特征进行考虑，在设计室内理论课的时候，可以以教师和学生的信息数据交流为主，使他们的头脑风暴在体育课程中得到掀起，呈现出更加公平、更加自由的体育课程。此外，在这样的形式下，体育教师的教学思维能够得到更进一步的更新，使学生体育学习的热情得到提升。

（三）微课应用在体育课程教学中

一方面，基于体育时事热点与体育课程的新内容等方面，体育教师能够对新颖的体育新课进行设计，并向微课导入，在体育课堂教学开展的过程中，组织学生集体观看，主要的目的在于吸引学生的注意力，激发他们的体育学习兴趣；另一方面，在高校体育教学实践活动开展的过程中，体育教师可以将复杂动作的教学制作成微课；同时，在体育课堂教学过程中，重复地向学生播放，将更加具体、更加直观、更加生动、更加形象的高校体育教学过程呈现出来。

体育教师可以根据新课内容和时事体育热点等方面设计新颖的新课导入微课，在课上给学生观看，目的是为了使学生的注意力得到吸引，使学生的学习兴趣得到激发。此外，对于高校体育教学中复杂的教学动作，教师可将其制作成微课，在上课过程中对学生进行重复播放，使高校体育教学过程教学更生动、更直观、更形象、更具体。

（四）微课应用在体育课后辅导中

对高校体育教学而言，每一节体育课堂教学的时间是45分钟，有限的高校体育教学时间，使教师面面俱到地讲授内容，想要实现精细化教学几乎是不可能的，所以，一部分学生不能与教学节奏同步或者是学生不能对其所学运动技能充分掌握的情况必定会出现，当体育课堂教学结束以后，教师可以将包含有高校体育教学重点的微课视频向学生发放，以便于学生能够在课堂结束以后，对于已经学习的技术动作进行练习，对课堂上所学内容进行复习，切实保证温故知新，提升学生的学习效果。

（五）微课应用在体育课程分享中

从本质上来讲，分享就是学习，学生喜欢在朋友圈中分享一些好的视频课程，对身边的朋友、学生进行感染，使学生的学习圈子得到扩大。因此，我们应该对于一种倡导分享精神的学习共同体进行构建，这样能够保证学习共同体成员间能够互相督促，对有用的体育学习信息进行分享。例如，将微课应用在体育舞蹈教学过程中，在校园内学生可以对已经学习到的且比较感兴趣的体育舞蹈课进行分享，使越来越多热爱体育舞蹈的学生能够及时地对学习资源进行获取、分享；同时，学生还可以对校园内其他兴趣一致的学生进行自发组织，安排大家一起对体育舞蹈微课进行学习，保证体育舞蹈社团的更进一步发展得到促进，通过对社团活动的有效组织，如"快闪"等，使学生的课堂学习以外的生活得到丰富。

第三节 体育教学中慕课的应用

一、慕课的概念

（一）授课形式

慕课是一种将在世界各地分布的学习者与授课者通过某一个共同的主体或者话题联系在一起的方式方法。

几乎所有慕课的授课形式都是每一周话题研讨的方式，并且只会将一种大体的时间表提供给授课者与学习者，但是一般来讲，慕课课程都不会对学习者存在特殊的要求。对慕课其余课程的结构而言也是比较小的，一般会进行说明的内容比较简单，如阅读建议、每一周进行一次的问题研讨、每一周进行一次的问题研讨，等等。

（二）主要特点

1. 规模比较大

所谓的规模比较大，指的是网络开放的大规模课程，而不是以个人名义对一两门课程进行发布。我们这里所说的网络开放的大规模，通常是指那些参与者发布出来的课程，这些课程一般会被人们称作是大规模的课程或者是大型的课程，慕课的典型形式就是这些课程。

2. 开放的课程

所谓的开放的课程，一般会对创用（CC）协议严格遵守；可以说，开放的课程，就能够被成为慕课。

3. 网络课程

网络课程的相关材料通常在互联网上，而不是面对面的课程。此种课程的显著特征就是没有上课地点的特殊要求。经过证实，网络课程也是一种能够获得高校成果的学习方式。如果相比于大课的话，结果也是仍旧一样的。

二、慕课在体育教学中的应用

（一）高校体育教学中慕课的应用价值分析

自慕课引入我国以来，已经过了很长的一段时间，同时对于此种新式的教学方法许多的学校都开始进行尝试，然而，慕课在高校体育教学方面的应用非常少。实际上，慕课的教学方式在高校体育教学方面也是非常适用的。

随着社会网络的日渐发达，每一天人们都会上网，不管是对网页进行浏览，还是刷微博，我们都必须要承认的是网络在现代人们生活中承担的责任越来越重要，而对慕课而言，就是对于此种现状进行利用，在学习开展的过程中充分利用网络条件。

除此之外，作为一种学习方式，慕课还具备一定的主动性特征，任何人的监督与强迫都不会对其发生作用，按照自己的个人兴趣爱好，使用者可以选择、学习自己喜欢的运动。同时，慕课所拥有的资源范围是非常广泛的，在高校体育教学开展过程中对慕课进行应用，教师和学生还可以实现高校体育教学资源的分享与使用。

当体育课堂教学结束以后，学生在课后就能够自行复习。在体育微课视频中包含真人操作与讲解，能够帮助学生对于白天体育课堂学习的动作进行复习与记忆。尽管高校体育教学时间长达一个半小时左右，学生能够拥有足够的时间去学习、练习体育运动技术，但是，他们只能对每门体育课修习一次，由于基本上每一个学期所要学习的内容都是相同的，但是学生上会存在差异，不利于一部分学生深入学习、练习的开展。

在高校体育教学中应用慕课的教学方式，不仅能够保证学生深入学习活动的开展，还有利于学生自己掌握学习进度。同时，由于慕课中存在的学习资源是非常丰富的，有利于学生寻找到适宜自己的运动方式。例如，对一部分学生而言，可能剧烈的运动不适合他们，所以，他们能够在慕课中对比较适合自己的运动进行寻找。如此一来，不仅能够避免损伤自己身体的情况发生，还能够使体育锻炼的目的顺利实现。

（二）慕课应用在高校体育教学中的未来发展

基于这样的形式，我国大部分高校应该按照自己学校的特点自行录制慕课视频。同时，在录制慕课视频的时候，可以是多个学校的教师共同参与录制、讨论，然后再对多个优秀的视频进行选择，并且上传到网上，方便学生进行观看、下载、学习。由于不同的教师在讲课的风格与方式上也会存在不同，而教师录制的慕课中包含多个教师的教学课程，那么学生就能够对最适合自己的教师进行选择。此外，这样的方面对于大课参与人数多的情况能够进行避免，还能够有效改善学生听课效果不佳的情况。将慕课应用在高校体育教学中，能够使小班教学的目的得以实现。同时，同一学科由多个教师进行录制，能够使比较与竞争更加容易形成，能够帮助学生对于自己的教学缺点更加仔细的观察，使高校体育教学质量得到提高。因为慕课在高校体育教学中的应用主要以网上教学为主，所谓的监督制度是不存在的，要求学生的自主学习能力是比较强的。在高校体育教学考核的问题上，计算机考核的方式可以不再使用，体育教师组织学生开展网络学习以后，再安排传统方式的考试即可。只有这样才能够使学生通过计算机检测进行作弊的情况得到有效避免。此外，还能够对于学生通过慕课进行学习的效果得到检测。需要注意的，对于慕课教学的认识，教师与学生应该摆正。

对慕课教学而言，教师与学生之间的定期交流应该存在，如此一来，不仅能够使教师和学生之间的感情得到增进，还能够对学生的学习产生一定的帮助。尽管我国对慕课的应用还处于刚刚开始发展阶段，然而，在现代网络发展的背景下，慕课的发展是一种必然趋势。将慕课应用在高校体育教学中，能够给教师未来教学的开展带来一定的启示，需要注意的是，在使用慕课方式开展高校体育教学的时候，还应该同国内的高校体育教学情况相结合。

例如，在篮球运动课堂教学开展的过程中，不仅仅要对手指上的动作进行教学，还要对脚上的动作进行教学，更重要的是还要将两者的教学活动紧密地联系在一起。因此，在制作相关慕课的时候，不仅要将这些动作进行分解，还要有一个规范的整体动作，以便于学生学习活动的开展。

查阅相关的文献资料可知，尽管国内已经引入慕课的教学方式，但是慕课在高校体育教学中的应用还不广泛，如果想要对一个体育慕课的完整体系进行构建，那么就需要具备相关的慕课教程。一般来讲，由国外引入的教学资源通常都是外语，存在大量的体育专业名词，导致学生在理解上容易出现困难。面对这样的情况，在制作慕课的时候，可以聘请我国国内优秀的体育教师集合具体的教学情况进行制作。此外，针对制作慕课的情况，还要对一定的标准进行设定，如果慕课没有达到标准，那么就不能够被使用，这对于慕课的进步与发展是非常重要的。

第四节　体育教学中翻转课堂的应用

一、翻转课堂的概念

（一）含义

所谓的翻转课堂，词汇来源是英文词汇"Inverted Classroom"或"Flipped Classroom"，通常是指重新地调整教学课堂内外的时间，从本质上来讲，就是学习的决定权不再属于教师，而是由学生掌握学习的主动权。

在课堂教学开展的过程中，教师不会再耗费大部分的课堂时间去讲授信息，但是在课堂教学结束以后，学生需要自主地完成这些信息的学习，他们可以利用的方法有：听播客、看视频讲座、对功能强大的电子书进行阅读，或者是通过网络同其他同学互相讨论，综上所述，翻转课堂教学模式应用过程中，不管什么时候，学生都能够对自己所需的材料进行查阅。

此外，教师同每一个学生进行交流的时间也得到了增多。当课堂教学结束以后，学生就能够自主地对学习节奏、学习内容、学习风格与知识呈现的方式进行规划，同时学生的知识需要少不了教师对讲授法与协作法的使用才能够得到满足，使学生实现个性化的学习，最终的目的是通过实践活动保证学生学习活动的真实性。

（二）主要特点

在很多年以前，人们就对视频教学的方式进行过研究、探索。最直接的证据是：世界上大部分国家在 20 世纪 50 年代的时候就开展广播电视教育。为什么传统教学模式没有受到当年所做探索的任何影响，而翻转课堂教学模式却被人们广泛关注呢？笔者认为是由于"翻转课堂"具有几个明显特点所导致的，对于翻转课堂的特点，笔者进行了如下的分析：

1. 教学视频的短小精悍

不管是亚伦·萨姆斯与乔纳森·伯尔曼的化学学科教学视频，还是萨尔曼·汗的数学辅导视频，很明显存在一个显著的共同点，即教学视频的短小精悍。即便是较长一点的视频也只有十几分钟的时间,而大部分的视频通常只有几分钟的时间。同时,每一个视频存在的针对性都是比较强的,如果能够对某一个特定问题进行针对,那么也就会比较方便进行查找;应该尽量在学生注意力比较集中的时间范围内控制视频的时间长度,同学生的身心发展特征相适应;在网络上发布的视频存在回放功能、暂停功能等,能够自己进行控制,使学生的自主学习能够得以顺利实现。

2. 教学信息的明确清晰

在萨尔曼·汗的教学视频中存在一个比较明显的特征,即唯一能够在视频中看到的就是他的手,将一些数学符号不断地进行书写,并且将整个屏幕慢慢地填满;同时,在书写的同时,还有画外音的配合。对此,萨尔曼·汗自己的观点是,在这样的方式中,同我站在讲台上讲课是不一样的,这样的方式就向将我们聚集在同一张桌子前面,一起学习,在一张纸上写下内容使人感觉贴心。这也是同传统的教学录像相比,翻转课堂教学视频的不同之处。如果在视频中出现了教室中的各种摆设物品,或者是教师的头像,那么就非常容易分散学生的注意力,特别是当学生处于自主学习状态的时候。

3. 重新建构学习流程

学生的学习过程一般会有两个组成阶段,即第一阶段,传递信息。其实现需要教师与学生之间的互动、学生与学生之间的互动。第二阶段,内化吸收。需要学生在课堂教学结束以后自己完成。在学生自己完成的过程中,因为缺少教师的支持与同学的帮助,因此,学生在内化吸收的阶段经常会出现挫败感,使他们丧失掉学习的动机与成就感。

"翻转课堂"的教学模式使学生的学习过程得到重新建构。第一阶段的传递信息,是在课堂教学开始之前由学生完成的,而教师在对视频进行提供的同时,也对在线的辅导进行提供;此外,第二阶段的内外吸收,是在课堂教学开展的过程中,由互动而实现的,对于学生存在的学习困惑与困难,教师应该提前进行了解,同时在课堂教学开展过程中对学生进行有效的指导,而学生与学生之间的互相交流活动,对于学生内化吸收知识的整个过程,还能够起到一定的促进作用。

4. 复习检测的快捷方便

当学生观看完教学视频以后,就会看到视频结尾处出现的几个小问题,通常是四个或五个，能够帮助学生及时检验自己教学内容的学习情况；同时，根据自身的学习情况做出合适的判断。如果对于这几个问题，学生的答案不是很理想。那么学生就应该回放一遍教学视频，对出现问题的原因仔细思考。同时，通过云平台，将学生回答问题的实际情况及时地进行汇总、分析、处理，使教师对学生学习情况的了解更加客观、全面。教学视频的另一个明显优势，就是能够在经过一段时间的学习以后，方便学生对学习到的知识进行复习与巩固。伴随着评价技术的不断发展跟进，使得学生学习的相关环节具有足够的实证性资料支撑，这对于教师真正意义上的了解学生是非常有帮助的。

二、体育翻转课堂的实施策略

（一）做好在线虚拟教学平台的建设

在线虚拟教学平台搭建的主要目的在于为翻转课堂的实施创造前提和基础，这一平台主要包括教学内容上传模块、师生交流与答疑模块、在线测试与评价模块、学习跟踪与监控模块以及学习总结与成果展示模块等。体育教师通过这一平台，就可以将与高校体育教学相关的微视频、PPT、各种音频等教学材料向在线虚拟教学平台上传，还可以借助这一平台实现作业发布、在线测验、监控督促、在线交流、在线评价等；学生则可以通过这一平台进行学习材料下载或在线学习，并同体育教师之间实现及时的交流与沟通。

（二）注重评价机制的创新

翻转课堂教学模式下的高校体育教学评价不能限于传统的纸笔测验，评价内容、评价主体、评价标准和评价方法等都应区别于传统教学；否则，翻转课堂的实施就会流于形式。翻转课堂模式下的高校体育教学评价应该把"以评促学""以评促教"作为评价的主要目的，并将学生的进步程度作为评价的主要指标并注重多元化评价的采用，只有这样，评价才能既有针对性又不失全面性。多元化评价主要表现在评价主体、评价内容、评价方法、评价阶段等方面，紧紧围绕促进学生的学和促进教师的教两个方面，最终将提高教学实效作为评价的主旨。

（三）注重提高体育教师的综合素养

无论何种教育教学改革，教师始终是改革成败的核心与关键。作为信息化社会的产物，翻转课堂不仅仅一种先进的教学理念，还是一种先进的教学方法，它对体育教师的综合素养提出了较高的要求。体育教师既是在线虚拟教学平台的搭建者、设计者和使用者；又是教学视频等学习资源的开发者和上传者；既是学生学习与实践的组织者、引导者，又是学生学习成果评价的设计者和评价者；既是学生在线学习情况的监控者和督促者，又是教学设计的完善者。

（四）对体育课堂实效进行追求，避免一些异化现象

翻转课堂作为一个新生的事物，虽然它顺应了信息化社会的时代背景，但还没有形成公认的科学实施模式，各个学科对翻转课堂的研究成果较为丰富，但各类研究也存在很多的不足，综合起来主要表现在以下几个方面。

1. 要对弱化体育教师的作用而过度强调以学生为中心的情况进行避免

翻转课堂模式下，体育教师虽然把课堂讲解与示范的时间让位给了学生，但并不代表教师的作用被弱化了，事实上，体育教师的作用变得更加关键，而不是被弱化。课前教学视频的录制和搜集、教学资料的优化与整合、在线虚拟教学平台的建设与管理，课中体育教师的讲解与示范、学生活动的设计与组织，课后学生学习结果的考核与评价、教学方案的优化与修订等，每一项工作都离不开教师的付出。如果对体育教师的作用过度弱化，学生的学习就会失去系统性和效能，高校体育教学最终难逃沦为"放羊式"的结果。

2. 要对忽视学生课前学习的跟踪和监测而高估学生的自主性的情况进行避免

对翻转课堂教学模式而言，"掌握学习"使其建构的重要基础。翻转课堂的有效实施离不开学生的自主学习性。作为现实社会中的复杂存在，学生在课堂教学开始之前的在线学习中，并不是每一次都能够针对体育教学内容有效的、自觉的学习。因此，教师有必要对学生进行适当的检测与跟踪，它不仅仅能够对学生的技能学习和知识学习的完成起到督促作用，还能够有效培养学生的自主学习能力。

3. 要对忽视学科的差异而一味借鉴其他学科的经验的情况进行避免

现阶段，对翻转课堂教学模式的相关理论研究成果与实践研究成绩，主要是基于

其他学科的基础智商。在体育学科的理论等方面的研究还并不十分成熟，在对体育教学中翻转课堂教学模式的应用进行研究的同时，我们对于其他学科的实践经验不可避免地要进行借鉴。但是，学科与学科之间的差异是肯定存在的，在其他学科领域比较适用的理论和经验，在体育学科中不一定能够适合使用。因此，在翻转课堂教学模式进行具体实施的时候，我们应该要把握好体育学科本质特点，应该有选择地吸收、借鉴其他学科的理论与经验，对于生搬硬套的情况要避免发生。

4. 要对偏离翻转课堂的本质而过度追求形式的情况进行避免

实施翻转课堂教学模式的主要目标是在一定程度上提升体育教学的时效性，这一点是毫无疑问的。体育教学的存在离不开价值的支持与丰富，体育课程教学一种至高境界是对于既正当又有效的高校体育教学进行贯彻，如果过分追求形式而对体育教学的效果不够重视的话，那么即便是翻转课堂的教学模式得以实施，也不存在任何的意义。

三、翻转课堂在高校体育教学中的应用

（一）翻转课堂在高校体育教学中的核心价值

当前，翻转课堂在我国的兴起已经成为不争的事实，但对于翻转课堂的价值进行深入探讨似乎还未引起理论层面的重视。为了更好地应用和推广翻转课堂，对其在高校体育教学中的核心价值予以探讨。

1. 翻转课堂有助于实现高校体育教学与信息技术的有机结合

翻转课堂使高校体育教学与信息技术的有机结合得到实现在信息化社会的今天，学生的生活方式和学习方式发生了深刻的变化，借助手机、电脑等信息化平台进行学习和交流已经成为日常习惯，为适应学生在行为和习惯上的变化，教学信息化在所难免。

翻转课堂作为信息化社会的产物，它使教学与信息技术之间有机结合，高度迎合了学生的日常习惯，改变了传统课堂呆板的模式和形象，使学生的学习变得更加自然和有趣。体育教师通过上传视频、三维动画、PPT等丰富而直观的教学材料，设置系统有序的学习导航，加上教师对学生客观而有趣的在线评价和在线交流，一个有益于学生身心发展的教学环境被创建出来，这不仅有效增进了师生之间的情感，更提高了学生的学习情趣和自主性，也为体育教师有效组织课中的教学活动奠定了基础，这对

提高高校体育教学的实效性是非常有利的。

2. 翻转课堂有助于实现高校体育教学的精讲多练

学生课中学习和练习的时间总量是一定的，新知识、新技能的学习耗时过多，学生从事体育练习的时间势必减少，体育课的健身性以及学生对知识、技能的掌握和内化就会大打折扣，因此，精讲多练符合体育课堂教学的要求。在翻转课堂模式下，课前，学生通过观看教学视频，对高校体育教学内容有了初步的认知，对体育学习中的难点深有感受。在遇到无法解决的问题时，学生通过在线交流平台及时反映给体育教师，这样教师就会对学生的课前学习情况有所把握。课中，体育教师依据学生所反映的问题进行针对性极强的讲解或个别指导，不需要每个问题都进行讲解，这样就省去了很多讲解的时间。学生在课中进行体育实践的时间就被延长，精讲多练的目的自然达到。

3. 翻转课堂使高校体育教学要素的优化组合得到实现

从高校体育教学要素的层面上来讲，翻转课堂同传统的高校体育教学模式之间存在的区别并不是很明显。对翻转课堂而言，它主要是利用科学合理地重构高校体育教学要素来使高校体育教学的效能实现增值的。我们之所以将翻转课堂判定为一种革命性的高校体育教学方式创新，主要是由于此种教学模式在对高校体育教学要素的各种功能进行准确定位的情况下，体育教师与学生的主体性地位得到了转换，使体育课程的资源得到拓展，促进了高校体育教学目的、高校体育教学方法手段与反馈机制的合理调整，对学生体育学习的良好环境进行创设，进而从质的层面改变高校体育教学的形态与结果。同时，需要注意的是，翻转课堂在组合高校体育教学要素的问题上并不是固定不变的，而是动态的；不是呆板的，而是灵活的。在高校体育教学的实践活动中，按照实际需要，体育教师对于各教学要素间的组合关系可以随时进行调整以保证特定高校体育教学目的的实现。只有对这一点充分认识，才能够保证我们能够将翻转课堂作为固定范式进行看待，进而使高校体育教学中应用翻转课堂教学方法流于形式的情况得到避免。

4. 翻转课堂能够促进高校体育教学中素质教育的实施

素质教育的主要目的是对于受教育者的综合素质进行全面提高，而值得注意的是，综合素质的提升离不开人的全面发展；同时，对于学生个性的培养，我们也不能忽略。

个性的完善，不仅仅是素质教育开展的价值理念，又是素质教育的目标理念，培养个性、促进人的全面发展是素质教育的真谛。

在翻转课堂教学模式应用的过程中，学生的学习目标是统一的同时，按照学生的具体实际，体育教师可以对学生的个体目标进行制定。通过对在线高校体育教学视频的观看，可以保证学生自主学习的实现，按照学生的学习能力来确定高校体育教学视频的观看次数，而按照学生的学习基础来由学生自主选择观看的内容；从反馈问题的层面上来讲，通过在线交流平台，学生能够将学习中的问题随时向教师反映，同时获得教师的及时教导；从学习评价的层面上来讲，体育教师对于学生进行评价的根据是学生的进步程度，同时将小组评价和个人评价融入最终评价结果之中。这种评价模式有助于让学生明确在学习过程中的优点和不足，并时刻感受到自己在不断提高。可见，翻转课堂这种个性化的教学模式对于学生端正学习态度、激发学习兴趣、提高沟通能力、培养正确的价值观以及促进学生的全面发展都是有益的。

（二）将翻转课堂教学方法引入高校体育教学的全新高校体育教学模式

我们常说的高校体育教学模式主要是指在一定高校体育教学理念、高校体育教学思想的引导与高校体育教学理论的指导下，因此而建立的各种各样高校体育教学活动的基本框架或者基本结构。一般来讲，高校体育教学模式主要包含了多种要素，即高校体育教学理论依据、高校体育教学原则、高校体育教学原则、高校体育教学程序与学习程序、教学资源与实现条件，以及高校体育教学效果评价，等等。将翻转课堂教学方法引入高校体育教学的全新高校体育教学模式具体包含以下几个方面的内容。

1. 高校体育教学的理论依据

高校体育教学中应用翻转课堂的教学模式主要的思想基础是"先学后教"思想，对于高校体育教学活动中学生的教学参与与学生的主体性进行强调。从高校体育教学的特征与行为心理学原理出发，特别是对斯金纳操作性条件反射的训练心理学进行考虑，对高校体育教学的程序进行确定，具体是：利用视频学习—对于联系吸收理解—再通过视频回顾—互动反馈—强化实践—学习、掌握，并且在这样循环、反复的高校体育教学过程中，对于行为目标进行有效塑造；同时，按照学习的过程与教学的实际效果、学习主体对体育"教"与"学"的活动过程进行不断的完善与创新，促进预期高校体育教学目标与学习目标的实现。

2. 高校体育教学的目标与原则

对高校阶段的高校体育教学目标而言，主要是为了对中小学阶段高校体育教学目标进行巩固与提高，即体育锻炼的思想、体育能力与体育习惯，对于学生科学、积极、主动参与体育锻炼的行为进行引导与教育，对于现代体育科学中的基础知识、基本技术和技能、方法进行扎根；使学生体育锻炼的参与意识得到强化，使其体育文化素养得到提高。

为了能够保证高校体育教学目标的顺利实现，对将翻转课堂教学方法引入高校体育教学的全新高校体育教学模式而言，而教学原则是体育教师应该遵照学生的认知水平与心理发展特征，加工整理高校体育教学内容，高校体育教学设计、制作通俗易懂，同时还能够紧密地联系到自身已经掌握的认知结构；同时，对于优质的、适宜的高校体育教学视频进行选择；对于一个宽松的、民主的、轻松的交互式学习社区或网络教学平台进行构建，对于学习反馈信息及时地掌握，并能够有效地发现问题、解决问题；在对总体学习情况进行把握的条件下，对于个体学习发展的过程给予重视，将高校体育教学过程中与学习过程中学生的主体性作用充分发挥出来，尽可能地使学生自己发展，对存在的问题自己进行分析与解决，同时对于自我认识、能力与技能进行深化、拓展。

3. 高校体育教学程序与学习程序

将翻转课堂教学方法引入高校体育教学的全新高校体育教学模式，其主要基础是优质的交互学习社区与视频资源，因此，可以将高校体育教学程序与学习程序进行如下的设计：对于高校体育教学内容进行预习—对于高校体育教学视频有针对性的进行观看，再进行示范、讲解—使学生学习动机得到激发，对学习过程中的问题进行发现—在课堂教学中由教师对新课进行讲授，对于学生的疑惑进行解答，并进行示范—有学生自主进行练习与实践，对体育学习效果进行巩固—对体育学习效果进行反馈，由教师、学生进行评价—通过资源拓展完善、知识和技能结构的扩展，以及反复练习实践对理解与训练效果进行加强。

4. 高校体育教学的实现条件和教学资源

近些年来，慕课教学平台的快速发展与互联网的广泛普及，创造了良好的条件以便于翻转课堂高校体育教学模式的实施。然而，对现代高校体育教学来讲，我国的高校体育教学相关视频与学习资料还是相对较少的，所以，我国的体育教师应该从体育课程与教学内容出发，自行制作与设计高校体育教学资源。对高校体育教学内容而言，主要有理论教学内容与动作讲解、演示的视频，保证体育练习活动的理解性与课余训练活动的实践性。既要有动作示范的要领分析，又要有训练实践的摄像记录视频；此外，还要有拓展性的教学资源和学习资源，以及专题性的研讨问题等。不仅如此，体育教师在组织学生观看教学视频、开展练习活动和训练活动的同时，还要保证在交互社区体育教师能够对于学生的疑惑及时地进行解答、讨论与指导。

5. 高校体育教学效果与评价

将翻转课堂教学方法引入高校体育教学的全新高校体育教学模式，其实施能够使学生体育学习的兴趣得到激发，使学生自主发现、学习、探索、分析、解决问题的综合能力得到培养，同时促进学生技术和技能的提升，同时还能够有效促进学生自主学习能力、社会发展适应能力、互相合作能力的发展与培养，体育教师应该通过交流与活动对学生的学习情况与进度实时地进行了解，还要对反馈信息及时掌握，同时再从所获的情况出发，适当地进行引导，对于学生的学习积极性进行鼓励并充分调动，在高校体育教学与讲解活动开展的过程中，针对不同的学生因材施教。将翻转课堂应用在高校体育教学中的相关活动适宜于小班教学，所以，在大班教学中一般很难实施。而对学生的评价而言，需要注意的是，它同其他文化课程是不同的，在对其学习好坏进行衡量的时候，不能单纯地将考试成绩作为标准。在学校高校体育教学中，应该对"健康第一"的指导思想始终坚持，同时还要在体育考试的各个环节中渗透"健康"的标准，对于标准化的项目应该适当地减少技能考试，还要有效改进体育教学的评价标准，尽可能地避免学生由于害怕考试而出现的体育厌学心理与逆反心理。此外，对于学生应该积极地引导，使他们加强对体育教学的相关认识，使得学生体育锻炼良好习惯的养成得到促进，并且同体育教学目标相适应的人性化测试方法要积极构建。

参考文献

[1] 刘成维.高校体育教学创新与运动训练发展研究[M].延吉：延边大学出版社,2023.

[2] 聂丹，李运.体育强国视域下高校体育教学创新研究[M].长春：吉林大学出版社,2023.

[3] 郭景斌，韩宛娜，张兰华.高校体育教学方法与实践研究[M].长春：吉林科学技术出版社,2023.

[4] 黄俊楸.高校体育教学改革与学生体育锻炼能力培养研究[M].长春：吉林科学技术出版社,2022.

[5] 陈泽刚.高校体育教学改革创新与发展研究[M].长春：吉林出版集团股份有限公司,2022.

[6] 朱元明.高校体育教学模式与创新发展研究[M].长春：吉林出版集团股份有限公司,2022.

[7] 东伟新，熊玮，鲁春霞.高校体育舞蹈教学的理论与实践研究[M].长春：吉林出版集团股份有限公司,2022.

[8] 朱冀.高校体育教学管理研究[M].长春：吉林人民出版社,2022.

[9] 董晓雪.素质教育理念下高校体育教学课程体系的建设与发展研究[M].北京：中国农业出版社,2022.

[10] 王芳.高校运动训练和体育教学的发展策略研究[M].哈尔滨：哈尔滨出版社,2022.

[11] 李磊，段宗宾，张春超.高校体育教学及其专业人才培养研究[M].北京：中国农业出版社,2022.

[12] 马超.高校体育教学与训练研究[M].北京：吉林出版集团股份有限公司,2022.

[13] 李响. 高校体育教学训练水平提升策略与实证 [M]. 北京：北京燕山出版社, 2022.

[14] 张亚平, 杨龙, 杜利军. 高校体育教学理念及模式创新研究 [M]. 北京：中国商业出版社, 2022.

[15] 李建春. 基于素质教育视角的高校体育教学改革与发展探索 [M]. 北京：中国书籍出版社, 2022.

[16] 周茜, 赵红, 潘邵弘. 素质教育背景下我国高校体育教学体系改革研究 [M]. 长春：吉林文史出版社, 2022.

[17] 周桂琴. 高校体育教学方法与创新教育的探析 [J]. 当代体育科技, 2023(35)：64-67.

[18] 樊樱. 高校体育教学的有氧运动教育探讨 [J]. 冰雪体育创新研究, 2023(10)：131-134.

[19] 陈玉容. 高校体育教学环境的优化路径探究 [J]. 当代体育科技, 2023(6)：51-54.

[20] 郑星. 高校体育教学中的德育渗透研究 [J]. 科技风, 2023(35)：56-58.

[21] 杨静. 高校体育教学中高原训练的有效开展方法探究 [J]. 学周刊, 2024(13).

[22] 翟洪军, 何卫东. "健商"理念融入高校体育教学改革研究 [J]. 冰雪体育创新研究, 2024(6).

[23] 王菊. 关于休闲体育在高校体育教学中的应用探究 [J]. 教育教学论坛, 2024(5)：29-32.

[24] 喻家宾, 张洪军, 韩尚书. 线上线下混合式高校体育教学模式研究 [J]. 体育世界, 2024(3).

[25] 胥志敏. "互联网+"在高校体育教学中的应用 [J]. 体育风尚, 2023(2)：107-109.

[26] 康亚志. 高校体育教学中功能性体能训练的应用研究 [J]. 大学, 2024(2)：46-49.

[27] 王艳. 关于高校体育教学中加强学生体能训练的探讨 [J]. 大学, 2024(2)：70-73.

[28] 余子义, 孙雨, 张园, 等. 基于 OBE 教育理念的高校体育教学实践探究 [J]. 运动精品, 2024(1).

[29] 郭家骏, 于欣慈. 高校体育教学管理创新与发展思考 [J]. 长春师范大学学报, 2022(5): 189-191.

[30] 周加启. 高校体育教学的表现形式与路径分析 [J]. 内江科技, 2022(2): 120-121.

[31] 庞海帆, 贾海翔, 葛奇. 探究民族传统体育与高校体育教学的融合 [J]. 学周刊, 2023(34): 6-8.

[32] 翁中清. 高校体育教学中渗透审美教育的对策分析 [J]. 冰雪体育创新研究, 2023(24): 137-139.

[33] 孔令达. 高校体育教学教改下提高学生素质策略研究 [J]. 冰雪体育创新研究, 2023(22): 137-139.

[34] 赵琳. "双创"背景下高校体育教学改革路径分析 [J]. 冰雪体育创新研究, 2023(21): 122-124.

[35] 陈莹. 基于项目式学习的高校体育教学理论与实践 [J]. 体育风尚, 2023(10): 83-85.